LMD COLLECTION

Expertise comptable

Le meilleur du DCG 6

Finance d'entreprise

2e ÉDITION

Michèle Mollet
Laurent Bailly

Sup'FOUCHER

ISBN 978-2-216-11562-4 (nouvelle édition)
ISBN 978-2-216-10582-3 (première édition)

Sommaire

Valeur, temps et risque

Un capital de 1 000 euros aujourd'hui n'aura pas la même valeur dans un an. D'autre part, l'univers dans lequel évolue l'entreprise n'est pas certain. Le risque de valeur est attaché à l'actif financier.

I ▶ La valeur du temps

Deux principes fondamentaux doivent être retenus :

– une personne préfèrera la jouissance **immédiate** d'une somme d'argent ;

– toute renonciation à disposer d'une somme d'argent aujourd'hui plutôt que demain présente un **risque**.

Tout emprunteur rembourse à l'échéance le montant emprunté, augmenté d'un supplément, dénommé intérêt.

L'actualisation est fondée sur la prise en compte du **coût du temps** et du **coût du risque**.

II ▶ Le coût du temps

A. Capitalisation

Capitaliser, c'est déterminer la valeur future d'un capital initial placé à un taux déterminé.

L'intérêt est la rémunération que reçoit le prêteur.

▶ Valeur acquise d'un capital

Désignons par :

C_0 le capital déposé à l'époque 0 (début de la période 1) ;

C_n la valeur acquise à la fin de la période *n* ;

i le taux d'intérêt pour un euro *relatif à une période de capitalisation (généralement l'année)*

C_n, C_0 et *i* sont liés par la relation

$$C_n = C_0 (1 + i)^n$$

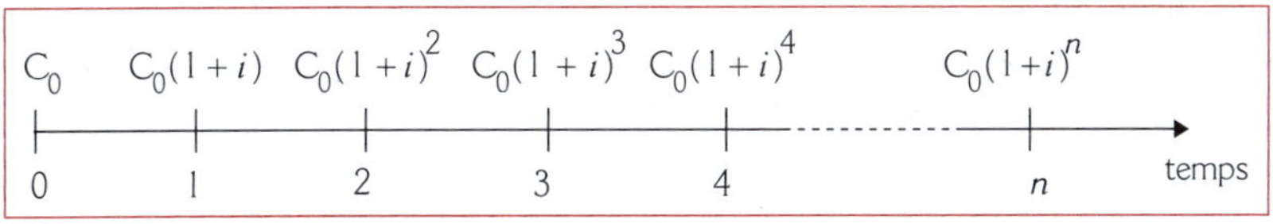

Figure 1 • Valeur acquise par le capital C_0 à la fin des périodes 1, 2, 3, 4,... n

Les intérêts (dénommés **intérêts composés**) s'obtiennent par différence.

$$C_n - C_0$$

Exemple

Une personne place 1 000 € à 3 % l'an pendant 5 ans. Quel montant percevra-t-elle dans 5 ans ? A combien s'élèvent les intérêts ?

Valeur acquise : C_n = 1 000 (1,03)^5 = 1 159,27 €

Intérêts = 1 159,27 - 1 000 = 159,27 €

► **Valeur acquise d'une suite d'annuités constantes (lors du paiement de la dernière de ces annuités)**

Une suite **d'annuités** est une suite de paiements périodiques, destinés à se constituer un capital ou à rembourser un emprunt. Quand toutes les annuités sont égales entre elles, on dit que ce sont des **annuités constantes**.

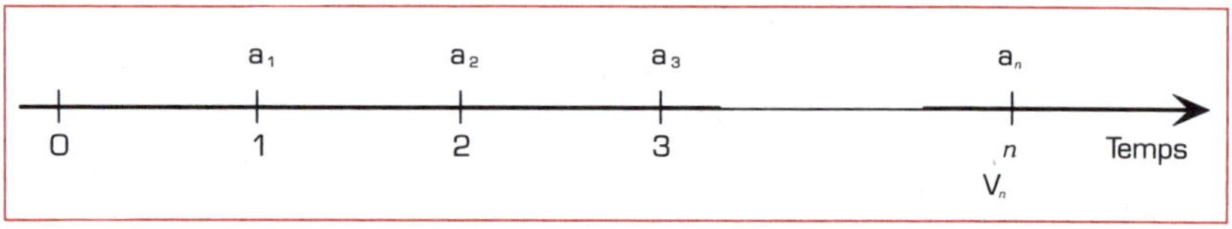

Figure 2 • Valeur acquise d'une suite d'annuités

Considérons une suite d'annuités $a_1, a_2, a_3, \ldots a_n$. Calculons la valeur acquise par chacune de ces annuités à la date du dernier versement c'est-à-dire à l'époque n.

1e annuité : $a_{1n} = a_1 (1 + i)^{n-1}$

2e annuité : $a_{2n} = a_2 (1 + i)^{n-2}$

Annuité de rang n : $a_{nn} = a_n$

La valeur V_n acquise par la suite d'annuités, est la somme des valeurs ci-dessus :

$$V_n = a_1 (1 + i)^{n-1} + a_2 (1 + i)^{n-2} + \ldots + a_n$$

Lorsque les **annuités sont constantes** ($a_1 = a_2 = a_3 = \ldots = a_n$), on obtient, en désignant par a la valeur commune à chaque annuité :

$$V_n = a (1 + i)^{n-1} + a (1 + i)^{n-2} + \ldots + a$$

On démontre que

$$V_n = a \frac{(1 + i)^n - 1}{i} \qquad (1)$$

À partir de cette formule, on peut exprimer a en fonction de V_n :

$$a = V_n \frac{i}{(1 + i)^n - 1} \qquad (2)$$

Exemple

On place 5 000 € par an, du 1er janvier 2008 au 1er janvier 2015, au taux de 4 % l'an. Quelle somme obtiendra-t-on le 1er janvier 2015 ?

Le nombre d'annuités est égal à 8.

En appliquant la relation (1) on obtient $V_n = 5\,000 \dfrac{1{,}04^8 - 1}{0{,}04} = 46\,071{,}13$ €.

B. Actualisation

Actualiser c'est déterminer la valeur (actuelle) aujourd'hui d'un capital futur.

▸ Valeur actuelle d'un capital

Disposer de 1 000 € aujourd'hui et les placer à 3 % pendant 5 ans permet de recevoir 1 159,27 € dans 5 ans (*cf.* valeur acquise). On en déduit que recevoir 1 000 € aujourd'hui et les placer (dans les conditions décrites précédemment) ou recevoir 1 159,27 € dans cinq ans est *équivalent*. Le capital de 1 000 € est appelé valeur actuelle à l'époque 0, du capital 1 159,27 € dans cinq ans.

En généralisant on obtient :

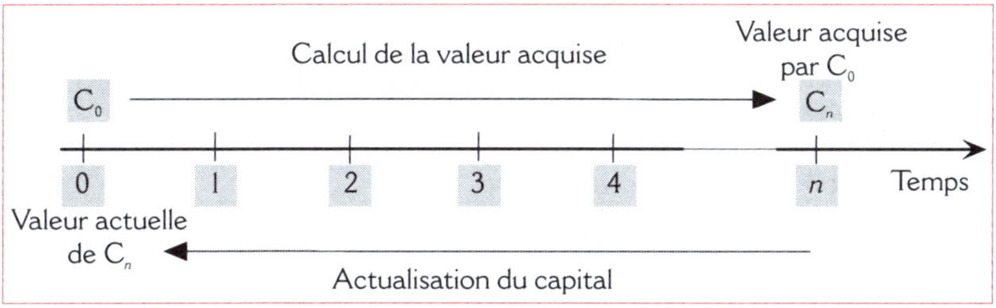

Figure 3 • Actualisation d'un capital

$$\mathbf{C_0 = C_n\ (1 + i)^{-n}}$$

i est dénommé taux d'actualisation.

Exemple

Une entreprise doit recevoir dans deux ans un montant de 1 500 €. Quelle est la valeur de ce capital aujourd'hui si l'on retient un taux d'actualisation de 3 % ?

$C_0 = 1\,500\ (1{,}03)^{-2} = 1\,413{,}89$ €

▸ Valeur actuelle d'une suite d'annuités constantes (une période avant le paiement de la première de ces annuités)

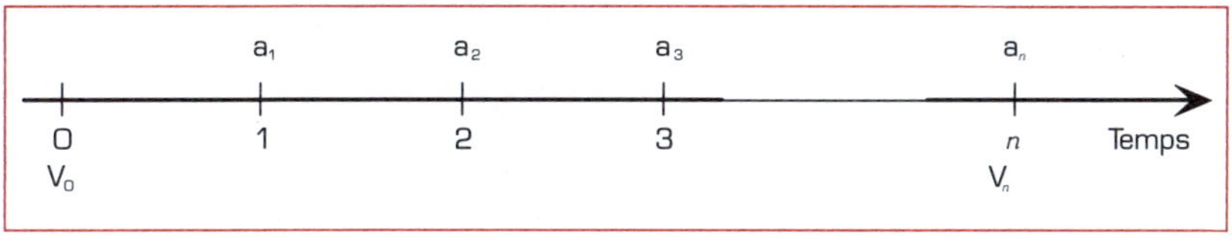

Figure 4 • Valeur actuelle d'une suite d'annuités

FICHE 1

On démontre que :

$$V_0 = a \frac{1 - (1 + i)^{-n}}{i}$$

Lorsque le nombre d'annuités constantes, n'est pas défini et qu'on le considère comme infini, on démontre que :

▶ **Valeur actuelle d'une suite d'annuités constantes perpétuelles**

$$V_0 = \frac{a}{i}$$

Exemple

La valeur actuelle d'une suite d'annuités perpétuelles de 2 000 €, au taux d'actualisation de 6 %, est égale à $\frac{2\,000}{0{,}06}$ = 33 333,33 €.

III ▶ La valeur et le risque

La valeur d'une entreprise est fondée sur sa rentabilité. Or celle-ci dépend d'un certain niveau de risque. La rentabilité est donc aléatoire. Comment la mesurer en prenant en compte le risque ?

A. Rentabilité : variable aléatoire

En avenir certain, la **rentabilité d'une action** peut être mesurée par le rapport suivant :

$$\frac{\textit{bénéfice}}{\textit{cours initial de l'action}}$$

Cependant il demeure une incertitude sur les cours des actions ainsi que sur les distributions de dividendes. La notion de **risque** est présente.

En avenir probabilisable, la rentabilité peut alors prendre diverses valeurs affectées de probabilités de réalisation. Il est possible de calculer une rentabilité espérée.

B. Espérance mathématique de la rentabilité

L'espérance mathématique *E(R)* d'une variable aléatoire *R* est égale à la moyenne arithmétique des valeurs de la variable r_i, pondérée par les probabilités p_i attachées.

$$E(R) = \sum_{i=1}^{n} r_i \, p_i$$

C. Variance et écart type de la rentabilité

La mesure du risque peut s'apprécier par la dispersion (ou volatilité) du taux de rentabilité de l'action. Il faut calculer la variance et l'écart type.

La variance V(R) ou σ^2(R) d'une variable aléatoire R est un paramètre de dispersion qui est égal à la différence entre :
– l'espérance mathématique du carré de la variable $E(R^2) = \Sigma\, p_i\, r_i^2$;
– et le carré de l'espérance mathématique de la variable $[E(R)]^2$.

$$V(R) = \sigma^2 (R) = \sum_{i=1}^{n} p_i\, r_i^2 \; - \; [E(R)]^2$$

L'écart type σ (R) d'une variable aléatoire R est un paramètre de dispersion égal à la racine carrée de sa variance.

$$\sigma (R) = \sqrt{V(R)}$$

Plus l'écart type est élevé, plus le risque est grand.

IV ► Le risque d'un portefeuille

Afin de se prémunir contre le risque, l'investisseur choisit de diversifier son portefeuille sans toutefois parvenir à une élimination totale du risque.

Conseils
- **Bien maîtriser l'usage des calculettes.**
- **Penser à positionner les dates et les montants sur un axe pour éviter tout risque d'erreur.**
- **Retenir toujours un taux en adéquation avec la période retenue – taux annuel pour des années, taux mensuels pour des mois.**

FICHE 1

MÉMO

La valeur et le temps

Valeur acquise d'un capital	$C_n = C_0\,(1 + i)^n$
Valeur actuelle d'un capital	$C_0 = C_n\,(1 + i)^{-n}$
Valeur acquise d'une suite d'annuités constantes, *au moment du dernier versement*	$V_n = a\,\dfrac{(1+i)^n - 1}{i}$
Valeur actuelle d'une suite d'annuités constantes, une période avant le premier versement	$V_0 = a\,\dfrac{1-(1+i)^{-n}}{i}$
Valeur actuelle d'une suite d'annuités constantes perpétuelles	$V_0 = \dfrac{a}{i}$

La valeur et le risque

Espérance mathématique : mesure de la rentabilité	$E(R) = \sum_{i=1}^{n} r_i \, p_i$
Variance : mesure du risque	$V(R) = \sigma^2 (R) = \sum_{i=1}^{n} p_i \, r_i^2 - [E(R)]^2$
Ecart type : mesure du risque	$\sigma (R) = \sqrt{V(R)}$

EXERCICE 01.01

L'entreprise Dutaux détiendra un capital de 5 000 € dans 9 ans.

Par ailleurs, elle a emprunté 500 000 €. Le remboursement de cet emprunt est assuré par le versement de 10 annuités de 70 000 € chacune, la première étant versée un an après l'emprunt.

Travail à faire

1. **Quelle est la valeur actuelle du capital avec un taux annuel d'actualisation de 6 % ?**
2. **Étudier la variation de la valeur actuelle en fonction du taux d'actualisation.**
3. **Représenter graphiquement la fonction donnant la valeur actuelle en fonction du taux d'actualisation sur l'intervalle *i* ϵ** [0 % ; 30 %].
4. **Quel est le taux de l'emprunt ?**

CORRIGÉ 01.01

1. Valeur actuelle du capital au taux de 6 %

$V_0 = 5\,000 \times 1{,}06^{-9} = 2\,959{,}49$ €.

2. Variation de la valeur actuelle en fonction du taux d'actualisation

i	0		30 %
V_0	5 000	→	471,50

La valeur actuelle est une fonction monotone décroissante du taux d'actualisation.

3. Représentation graphique

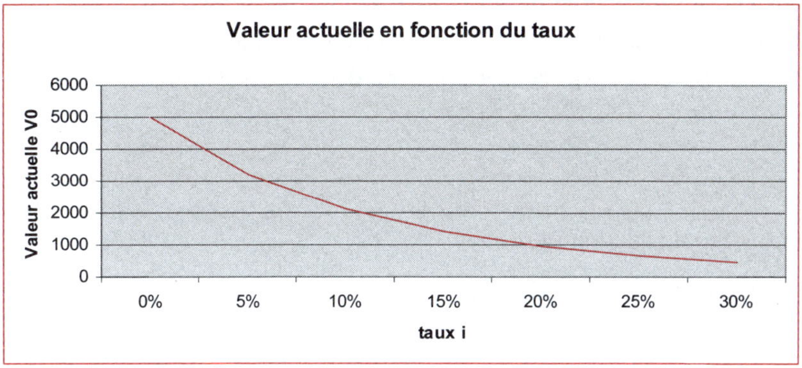

4. Taux de l'emprunt

$$500\,000 = 70\,000\,\frac{1-(1+i)^{-10}}{i}.$$

Cette équation se résout par essais et interpolation.

1° Essais

Essai à 6 % : $70\,000\,\dfrac{1-1{,}06^{-10}}{0{,}06} = 515\,206{,}09 > 500\,000.$

Il faut essayer un taux supérieur pour diminuer la valeur actuelle.

Essai à 7 % : $70\,000\,\dfrac{1-1{,}07^{-10}}{0{,}07} = 491\,650{,}71 < 500\,000.$

2° Interpolation proportionnelle

$$i = 6\,\% + 1\,\% \times \frac{515\,206{,}09 - 500\,000}{515\,206{,}09 - 491\,650{,}71} = 6\,\% + 0{,}64\,\% = \mathbf{6{,}64\,\%}.$$

EXERCICE 01.02

Le cours de l'action Renta au 31 décembre N est de 96 €. Un investisseur anticipe les variations de cours et les dividendes pour l'année à venir avec les probabilités suivantes.

Cours prévus	Dividendes prévus	Probabilités
108	6	0,6
92	3,5	0,3
82	2	0,2

Travail à faire

1. Calculer la rentabilité de l'action Renta dans les trois hypothèses.

2. Calculer la rentabilité espérée en univers probabilisable.

3. Calculer la variance et l'écart type afin d'apprécier le risque.

exos

CORRIGÉ 01.02

1. Rentabilité de l'action Renta

Cours	Dividendes	Bénéfice	Rentabilité
108	6	18	0,18750
92	3,5	- 0,5	- 0,00521
82	2	- 12	- 0,12500

Avec bénéfice = (cours prévu + dividende) – cours initial de 96

et rentabilité $= \frac{\text{Bénéfice}}{96}$ (96 étant le cours au 31 décembre N).

2. Espérance mathématique

Action Renta

r_i	p_i	$p_i r_i$
0,1875	0,6	0,11250
- 0,0052	0,3	- 0,00156
- 0,1250	0,2	- 0,02500
		0,08594

E(R) = 8,594 %

3. Variance et écart-type

Action Renta

r_i	p_i	$p_i r_i$	$p_i r_i^2$
0,1875	0,6	0,11250	0,02109
- 0,0052	0,3	- 0,00156	0,00001
- 0,1250	0,2	- 0,02500	0,00313
		0,08594	**0,02423**

E(R) = 8,594 %

V(R) = 0,02423 – $0{,}08594^2$ = 0,016844

écart-type = 12,98 %

L'écart-type mesure le risque de l'action Renta.

Marchés financiers et information

La valeur des entreprises se détermine sur les marchés financiers. Ceux-ci ont fortement évolué au cours de ces dernières années pour converger vers un marché unique et mondial.
L'information financière de qualité permet aux investisseurs d'agir en connaissance de cause.

FICHE 2

I ▶ Terminologie des marchés financiers

A. Marché financier

• Le marché financier est le marché des capitaux à long terme. Selon la nature des actifs, il comprend le marché des actions, le marché des obligations et les marchés des produits dérivés.

• La formation d'un marché financier mondial a été favorisée, non seulement par les nouvelles technologies de l'information, mais aussi par la suppression des obstacles réglementaires (contrôle des changes, barrières douanières) qui cloisonnaient les échanges dans les frontières de chaque nation.

• NYSE Euronext : résulte de la fusion en 2007 d'Euronext (issue de la fusion des bourses d'Amsterdam, de Bruxelles, de Paris et de Lisbonne) avec New York Stock Exchange. C'est le premier groupe boursier mondial. C'est un marché réglementé (*cf. infra* D).

B. Marché primaire et marché secondaire

• Le marché primaire est le marché des émissions de titres nouveaux (marché du *neuf*) auquel l'épargnant accède en payant le prix de souscription (actions) ou le prix d'émission (obligations).

• Le marché secondaire ou **marché boursier** est le marché des titres déjà émis et cotés (marché de *l'occasion*).

C. Marchés au comptant et marchés à terme

▶ Marchés au comptant

Chaque transaction porte sur un transfert de propriété de titres (livraison) et un règlement simultanés et théoriquement immédiats (en fait, dans les trois jours).

▶ Marchés à terme

La livraison et le paiement ont lieu à l'échéance convenue (le *terme*). Les marchés à terme comprennent :

– les *marchés à terme ferme* où les intervenants doivent nécessairement exécuter la transaction (paiement et livraison des titres) à l'échéance et
– les *marchés à terme conditionnels*. À l'échéance, l'acheteur (et non le vendeur) de l'option peut choisir (*opter*) :

- soit d'**exercer** (*lever*) l'option en exécutant la transaction initialement prévue ;
- soit d'**abandonner** l'option en renonçant à la transaction.

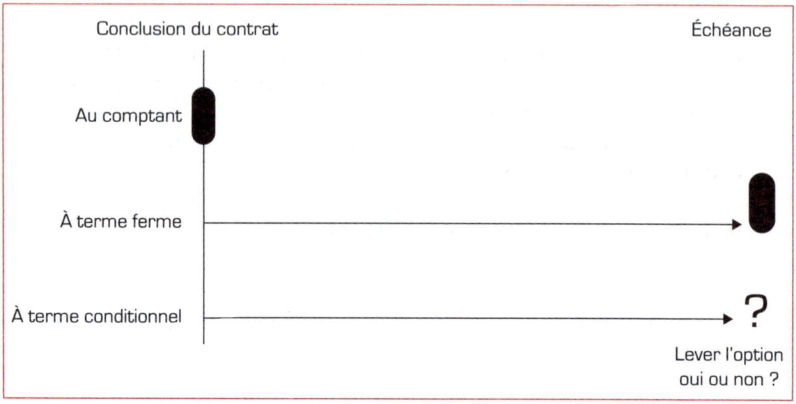

Figure 1 • Délai de règlement des transactions

D. Marchés organisés, marchés de gré à gré

▶ Marchés de gré à gré

Sur un marché de gré à gré, les offreurs et les demandeurs se rencontrent directement ou par l'intermédiaire d'une banque. Ils définissent librement les conditions du contrat.

▶ Marchés organisés

Sur un marché organisé, les contrats sont standardisés (spécifications du contrat, modalités de la transaction et administration). Les prix sont cotés.

▶ Marchés réglementés

Un marché réglementé est un marché organisé qui se caractérise en outre par des règles d'admission, un contrôle des autorités de tutelle sur le fonctionnement du marché et sur les intervenants, et un suivi de l'information communiquée au marché.

E. Autorité des marchés financiers

L'autorité de tutelle est, en France, l'Autorité des marchés financiers (AMF), Elle a pour mission de veiller :

- à la protection de l'épargne investie dans les titres financiers ;
- à l'information des investisseurs ;
- au bon fonctionnement des marchés de titres financiers.

F. Valeurs mobilières

Les valeurs mobilières sont des titres financiers qui confèrent des droits identiques par catégorie. Elles sont émises par les collectivités publiques ou par les sociétés par actions. Elles sont négociées sur les marchés organisés. On distingue :

- les actions qui sont des titres de capital représentant une fraction du capital de la société émettrice ;
- les obligations qui sont des titres de capital conférant le même droit de créance pour une même valeur nominale sur le patrimoine de l'entité émettrice ; leur échéance est de plusieurs années ;
- sur les marchés financiers, les actions et les obligations ont une valeur qui varie dans le temps. Le système financier contribue à informer les opérateurs sur les taux d'intérêts du marché et sur les primes de risque accordées par le marché à tel ou tel actif (*cf. infra* II).

FICHE 2

G. Produits dérivés

Les produits dérivés sont des contrats dont la valeur est liée (dérive de) à la valeur d'autres actifs qu'on appelle (*actifs sous-jacents*). Les produits dérivés les plus courants sont les options et les contrats à terme (*cf. supra* C).

II ▶ Taux d'intérêts du marché

A. Définition

Le taux d'intérêt d'un prêt ou d'un emprunt est le pourcentage qui mesure de façon synthétique, sur une période donnée, la rentabilité pour le prêteur ou le coût pour l'emprunteur, des flux financiers correspondants.

Les taux d'intérêts sont issus des marchés monétaire (taux au jour le jour...) et financier (taux des obligations...).

B. Les facteurs des taux d'intérêts

Trois facteurs déterminent les taux d'intérêts.

▶ Échéance

Les taux augmentent avec l'échéance.

▶ Unité de compte

Les taux d'intérêts augmentent avec le risque de change lorsque l'emprunteur et le prêteur n'utilisent pas la même unité de compte (monnaie). Ils incorporent une *prime de risque de change*.

▶ Risque de défaillance

Le risque de défaillance ou risque de défaut est le risque que le débiteur soit insolvable à l'échéance. Ce risque est négligeable pour les emprunts émis par les

États et les collectivités publiques (placement de « bon père de famille »). Il est plus important pour les emprunts émis par les entreprises privées.

Les taux d'intérêts sont d'autant plus élevés que le risque est fort. Ils incorporent une *prime de risque*.

FICHE 2

III ▶ Relation entre taux du marché et valeur d'une obligation

A. Taux d'intérêts

Il faut distinguer le taux nominal d'un emprunt et le taux du marché. Seul, le taux du marché détermine la valeur de marché du titre d'emprunt.

▶ Taux nominal ou facial

Le taux nominal est le taux d'intérêt affiché au moment de l'émission de l'emprunt. En pratique, il correspond approximativement au taux du marché sur le marché primaire lors de l'émission.

▶ Taux du marché

Le taux du marché s'établit au niveau du taux d'actualisation (dit *taux actuariel brut*) qui assure l'équivalence entre la valeur de marché du titre et la valeur actualisée des sommes versées par l'emprunteur jusqu'à l'échéance finale de l'emprunt (intérêts et valeur de remboursement).

B. Valeur et taux d'intérêt

La **valeur des obligations** sur le marché secondaire est égale à la valeur actualisée des flux monétaires futurs liés à l'emprunt, au taux du marché des obligations de risque et d'échéance semblables.

En désignant par :

C .... le cours du titre sur le marché secondaire,
n .... la durée de vie résiduelle de l'emprunt,
F_k .... le flux de l'époque k,
r .... le taux du marché,
nous avons

$$C = \sum_{k=1}^{n} F_k (1+r)^{-k}$$

C'est une fonction décroissante du taux du marché (*r*).
– lorsque le taux d'intérêt *r* augmente, le prix des obligations sur le marché secondaire diminue ;
– lorsque le taux d'intérêt *r* diminue, le prix des obligations sur le marché secondaire augmente.

IV ▶ Relation entre le taux du marché et la valeur d'une action

A. Taux de rentabilité des actions

La rentabilité des actions provient de deux sources :

– les *dividendes* dont la distribution est votée annuellement par l'assemblée générale des actionnaires ;

– les *plus-values* réalisées en fonction de l'évolution du cours de l'action.

Le taux de rentabilité *r* d'une action sur un an est donné par la relation :

$$r = \frac{\text{Cours final de l'action} - \text{Cours initial de l'action} + \text{dividende}}{\text{Cours initial de l'action}}$$

Exemple

Un investisseur achète une action de la société S au prix de 100 € le 1er janvier N. En juin N, la société S distribue un dividende de 3 € par action. Le 31 décembre N, l'action A est cotée 108 €.

Le taux de rentabilité de l'action S est de $\frac{108 - 100 + 3}{100} = 11\ \%$.

B. Estimation de la valeur de marché d'une action

La rentabilité des actions est aléatoire donc risquée. Il n'y a pas de relation stricte entre le taux d'intérêt du marché et la valeur des actions. Néanmoins, la valeur des actions n'est pas indifférente aux taux d'intérêts du marché. On observe une baisse généralisée du cours des actions en cas de hausse des taux d'intérêts et réciproquement.

Exemple

En N+1, la société S a distribué un dividende de 4 € par action. Le 31 décembre N+1 le taux d'intérêt du marché est de 3,5 % pour les emprunts d'État à 10 ans. On estime que le risque non diversifiable sur le marché des actions implique une prime de risque de 6,5 % et que le risque spécifique de la société S implique une prime de risque supplémentaire de 4 %. Quel devrait être logiquement le cours de l'action S, le 31 décembre N+1 ?

L'action S devrait avoir un taux de rentabilité sur un an de 3,5 % + 6,5 % + 4 % = 14 %.

En désignant par x le cours au 31.12. N+1, la relation $14\ \% = \frac{x - 108 + 4}{108}$ donne x = 119,20 €.

V ▶ Sources d'informations

Les gestionnaires des marchés organisés et la presse spécialisée diffusent des informations sur les taux d'intérêts et sur le cours des actifs financiers. Cependant, les informations sur les titres à revenu fixe sont plus rares et plus difficiles d'accès que celles concernant les actions. Des entreprises spécialisées (Bloomberg, Reuters) fournissent des analyses des données financières publiées par les sociétés cotées.

FICHE 2

A. Informations sur les taux

C'est la Banque de France qui fournit des informations sur les taux à court terme. Certains journaux publient des informations sur les taux à long terme.

B. Informations sur les cours des obligations

La cote des obligations est publiée par les Bourses où ces titres sont négociés et par les journaux spécialisés. Le cours est donné « au pied du coupon ». Ceci signifie qu'il faut y ajouter le coupon couru pour obtenir le prix de marché de l'obligation.

Libellé	ISIN	PEM	Dernier	Unité	Coupon couru %	Volume	Date - heure (CET)	Echéance
CRED.AGR.3%01 INDX	FR0000187742	PAR	88.45	%	1.664	2,703	31/01/08 11:00	17/07/11
CRED.AGR.3%01 INDX	FR0000187759	PAR	92.00	%	0.000	4,658	28/01/08 15:45	17/07/09

Exemple

L'obligation Crédit agricole 3 % 01 a un prix de 88,45 % + 1,664 % = 90,114 % de sa valeur nominale.

C. Informations sur les cours des actions

La cote des actions est publiée par les Bourses où ces titres sont négociés et par de nombreux journaux.

Conseils

- **Bien distinguer les différentes catégories de marchés.**
- **Apprécier l'importance de la relation entre taux d'intérêt et valeur d'une obligation.**

MÉMO

Valeur de marché d'un emprunt	$C = \sum_{k=1}^{n} F_k (1+r)^{-k}$
Taux de rentabilité d'une action sur un an	$r = \dfrac{\text{Cours final de l'action} - \text{Cours initial de l'action} + \text{dividende}}{\text{Cours initial de l'action}}$

EXERCICE 02.01

Boursa

La société Boursa a émis le 15 mars 2008, un emprunt divisé en obligations de 1 000 €, taux nominal 5,25 %, remboursables au pair le 16 mars 2018. Supposons que le 16 mars 2013, l'obligation cote 107,72.

exos

Travail à faire

1. **Quelle est la valeur de marché de l'obligation le 16 mars 2013 ?**
2. **Quel est le taux du marché pour cette obligation à cette même date ?**
3. **Déterminer la valeur de marché de l'obligation le 16 mars 2013 en fonction des taux de marché supposés suivants : 2 %, 3 %, 4 %, 5 %, 6 %, 7 %.**
4. **Représenter graphiquement la valeur de marché de l'obligation en fonction du taux du marché sur l'intervalle [2 % ; 7 %].**
5. **Quel constat faites-vous ?**

CORRIGÉ 02.01

1. Valeur de marché au 16.03.2013

Cours au pied du coupon (107,72 % × 1 000)	1 077,20 €
Coupon couru	0 €
Total	1 077,20 €

2. Taux du marché au 16.03.2013

$$V = 1\,077{,}20 = 52{,}50\,\frac{1-(1+r)^{-5}}{r} + 1\,000\,(1+r)^{-5}$$

$$\left.\begin{array}{l} r = 3\,\% \Rightarrow V = 1\,103{,}04 \\ \\ r = 4\,\% \Rightarrow V = 1\,055{,}65 \end{array}\right\}\ r = 3\,\% + 1\,\%\ \frac{1103{,}04 - 1077{,}20}{1103{,}04 - 1055{,}65} = 3{,}55\,\%$$

3. Valeurs de marché sur l'intervalle de taux de 2 % à 7 %

2 %	3 %	4 %	5 %	6 %	7 %
1 153,19	1 103,04	1 055,65	1 010,82	968,41	928,25

4. Graphique

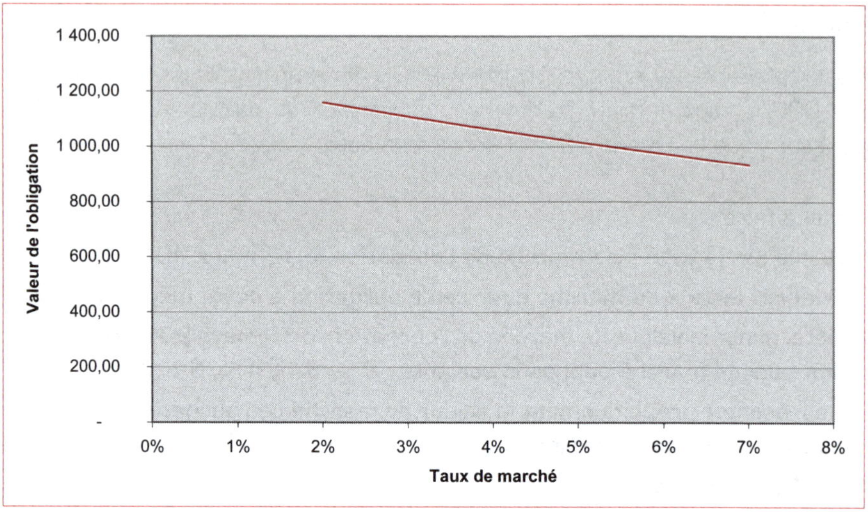

5. Constat

On constate que lorsque les taux d'intérêts augmentent, les cours des obligations diminuent et réciproquement.

EXERCICE 02.02

Amida

On a relevé le cours de l'action Amida à fin décembre, de 2001 à 2006 ainsi que le dividende mis en distribution au cours des années 2002 à 2007. On a également relevé le niveau de l'indice CAC 40 aux mêmes dates.

Année	Cours au 31 décembre	Dividende	Indice CAC 40
2006	125,87	0,92	5 500,65
2005	100,67	0,85	4 715,23
2004	83,45	0,74	3 821,16
2003	78,34	0,73	3 424,79
2002	72,25	0,70	3 063,91
2001	98,12		4 624,58

Travail à faire

1. **Calculer le taux de rentabilité de l'action Amida sur un an pour les années 2001 à 2006. Calculer la moyenne et l'écart type du taux de rentabilité de l'action Amida sur un an.**
2. **Calculer le taux annuel de rentabilité de l'indice pour les mêmes années. Calculer la moyenne et l'écart type du taux de rentabilité de l'indice.**
3. **L'action Amida a-t-elle été plus ou moins rentable, plus ou moins risquée, que la moyenne des 40 premières capitalisations de la Bourse de Paris ?**

exos

CORRIGÉ 02.02

1) Taux de rentabilité action Amida

Année	Cours au 31/12	Dividende	Indice CAC 40	Taux de rentabilité	Taux au carré
2006	125,87	0,92	5 500,65	25,95 %	0,067320
2005	100,67	0,85	4 715,23	21,65 %	0,046888
2004	83,45	0,74	3 821,16	7,47 %	0,005576
2003	78,34	0,73	3 424,79	9,44 %	0,008910
2002	72,25	0,70	3 063,91	- 25,65 %	0,065804
2001	98,12		4 624,58		
			Total	**38,85 %**	**0,194499**

$$m = \frac{38,85\ \%}{5} = 7,77\ \% \qquad V = \frac{0,194499}{5} - 0,0777^2 = 0,032862$$

$$\sigma = 18,13\ \%$$

2) Taux de rentabilité de l'indice CAC 40

Année	Indice CAC 40	Taux de rentabilité	Taux au carré
2006	5 500,65	16,66 %	0,027746
2005	4 715,23	23,40 %	0,054746
2004	3 821,16	11,57 %	0,013395
2003	3 424,79	11,78 %	0,013873
2002	3 063,91	- 33,75 %	0,113888
2001	4 624,58		
	Total	**29,66 %**	**0,223648**

$$m = \frac{29,66\ \%}{5} = 5,93\ \% \qquad V = \frac{0,223648}{5} - 0,0593^2 = 0,041211$$

$$\sigma = 20,30\ \%$$

3. Comparaison entre Amida et l'indice CAC 40

L'action Amida a été plus rentable et moins risquée que l'indice CAC 40.

Soldes intermédiaires de gestion et capacité d'autofinancement

L'analyse du compte de résultat permet de dégager trois niveaux de résultat : le résultat d'exploitation, le résultat financier et le résultat exceptionnel. Une étude, préconisée par le PCG, permet d'analyser le résultat par paliers. Ce sont les soldes intermédiaires de gestion. La Centrale des bilans de la Banque de France privilégie une approche économique de la valeur ajoutée et, pour cela, retraite certains postes. L'analyse du compte de résultat conduit aussi à la détermination du calcul de la capacité d'autofinancement.

I ► L'enchaînement des soldes intermédiaires de gestion

La démarche préconisée par le PCG est résumée dans le schéma ci-dessous.

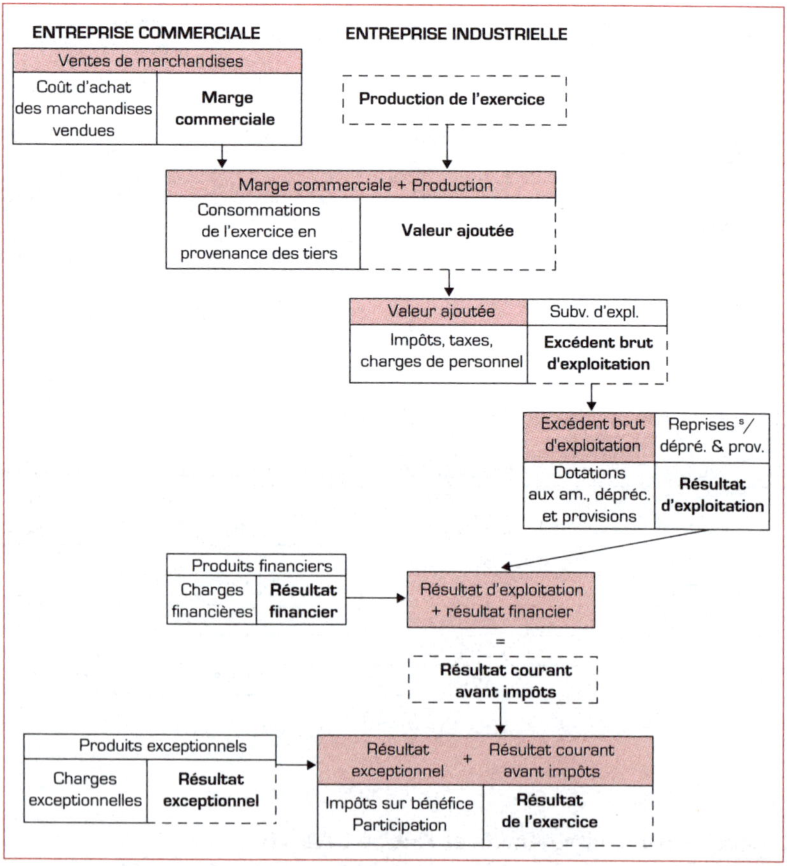

Figure 1 • Schéma d'ensemble des soldes intermédiaires de gestion

II ▶ Le tableau de calcul des soldes (SIG)

SIG	Modes de calcul	Signification
Marge commerciale	Ventes de marchandises **moins** coût d'achat des marchandises vendues (achats + frais sur achats ± variation des stocks de marchandises)	*Caractérise la marge sur les activités de négoce*
Production de l'exercice	Production vendue + Production stockée (ou – déstockée) + Production immobilisée	*Caractérise l'effort de production de l'entreprise (activité industrielle et/ou de services)*
Valeur ajoutée (VA)	Production de l'exercice + Marge commerciale **moins** Consommations de l'exercice en provenance des tiers (achats d'approvisionnements ± variations des stocks d'approv. + autres charges externes cpte 61 à 62)	*Caractérise les capacités concurrentielles de l'entreprise et sa contribution à l'économie du pays*
Excédent brut d'exploitation (EBE)	Valeur ajoutée + Subventions d'exploitation (cpte 74) **moins** Impôts et taxes (cpte 63) et charges de personnel (cpte 64)	*Caractérise la performance industrielle et commerciale de l'entreprise*
Résultat d'exploitation	EBE + Autres produits (cpte 75 sauf 755) + Reprises sur dépréciations et provisions (cpte 781) + Transferts de charges d'exploitation (cpte 791) **moins** Autres charges (cpte 65 sauf 655) et dotations aux amortissements, dépréciations et provisions (cpte 681) **Ou encore** Le résultat d'exploitation est aussi obtenu par **différence** entre les comptes de produits (cpte 70 à 74, 75 sauf 755, 781, 791) et les comptes de charges (60 à 64, 65 sauf 655, 681)	*Caractérise la profitabilité des opérations d'exploitation*
Résultat courant avant impôt (RCAI)	Résultat d'exploitation + Produits financiers (cpte 76, 786 et 796) **moins** Charges financières (cpte 66, 686)	*Caractérise le solde sur opérations courantes sans prise en compte des éléments exceptionnels ou fiscaux (impôt sur les bénéfices)*

FICHE 3

SIG	Modes de calcul	Signification
Résultat exceptionnel (RE)	Produits exceptionnels (cpte 77, 787, 797) **moins** Charges exceptionnelles (cpte 67, 687)	*Caractérise les autres opérations, notamment les cessions*
Résultat de l'exercice	RCAI + RE **moins** Participation des salariés (cpte 691) moins Impôt sur les bénéfices (cpte 695) **Ou encore** Somme des produits **moins** somme des charges	*Intéresse les actionnaires, mais aussi les dirigeants, les tiers...*

III ▶ Les retraitements de la Centrale des bilans de la Banque de France

La Centrale des bilans de la Banque de France préconise de retraiter certains SIG. Elle privilégie une approche économique de la valeur ajoutée (somme du coût des facteurs de production : facteur travail et facteur capital.)

A. Le retraitement de la location-financement (crédit-bail)

La redevance est déduite des consommations en provenance des tiers et rattachée aux charges de capital. On assimile ainsi la location-financement à un emprunt. En conséquence, on doit aboutir au même résultat que celui qu'on obtiendrait si on avait eu recours à l'emprunt. Apparaîtront ainsi dans le résultat retraité :

- les charges d'intérêt si le financement était par emprunt ;
- la dotation aux amortissements que l'entreprise aurait pratiquée si elle avait été propriétaire du bien.

B. Les subventions d'exploitation

Les subventions destinées à compenser l'insuffisance du prix de vente, sont prises en compte dans la valeur ajoutée et doivent donc être déplacées.

C. Les charges de personnel extérieur

Ces charges sont comptabilisées en charges externes (compte 621). Elles doivent être rajoutées aux charges de personnel.

D. La valeur ajoutée retraitée

Valeur ajoutée CDB = Valeur ajoutée du PCG
+ Subventions d'exploitation (compensant l'insuffisance du prix de vente)
+ Redevances de location-financement
+ Personnel extérieur à l'entreprise

E. Le résultat brut d'exploitation

Le résultat brut d'exploitation (RBE) défini par la CDB est une sorte d'EBE corrigé.
Résultat brut d'exploitation = EBE (PCG)
+ Redevances de location financement
+ Autres produits de gestion courantes (comptes 751, 752)
– Autres charges de gestion courante (comptes 651, 654)
+ Escomptes obtenus (compte 765) – escomptes accordés (compte 665)
– Variation de la provision pour charges sur congés à payer (compte 1582)

FICHE 3

IV ▶ La capacité d'autofinancement du PCG

A. Définition

La capacité d'autofinancement correspond à la totalité des ressources potentielles générées par une entreprise au cours d'un exercice, sur son activité courante.

B. Calcul

La CAF est la différence entre les produits **encaissables** et les charges **décaissables**.

Tableau de calcul de la CAF par l'origine (formation de la CAF)

Éléments	Nº des comptes	Moins Charges décaissables	Produits encaissables
EBE			x
Autres produits de gestion courante	75		x
Autres charges de gestion courante	65	x	
Transferts de charges d'exploitation	791		x
Produits financiers	76		x
Charges financières	66	x	
Produits exceptionnels	771/778		x
Charges exceptionnelles	671/678	x	
Participation des salariés	691	x	
Impôts sur les bénéfices	695	x	
Capacité d'autofinancement			x

FICHE 3

Un deuxième mode de calcul est possible (**pour contrôle**) de manière additive.

Tableau de calcul de la CAF à partir du résultat

Éléments	N° des comptes	Moins Produits calculés	Plus Charges calculées
Résultat de l'exercice			x
Dotations aux amortissements, dépréciations et provisions			
• exploitation	681		x
• financières	686		x
• exceptionnelles	687		x
Reprises sur amortissements, dépréciations et provisions			
• exploitation	781	x	
• financières	786	x	
• exceptionnelles	787	x	
Valeurs comptables des éléments d'actif cédés	675		x
Produits des cessions d'éléments d'actif	775	x	
Quote-part de subventions d'investissement virée au résultat de l'exercice	777	x	
Capacité d'autofinancement			x

Conseils

- **Maîtriser parfaitement le calcul des SIG est indispensable, mais c'est surtout leur signification et leur interprétation qui est intéressante.**
- **Bien positionner dans le tableau des SIG certains postes délicats : transferts de charges, subventions d'exploitation, autres produits et autres charges d'exploitation.**
- **Retraiter chaque fois que possible les SIG selon les propositions de la Centrale des bilans de la Banque de France.**
- **Retenir uniquement le deuxième mode de calcul de la CAF en l'absence de compte de résultat, à condition de disposer d'informations complémentaires.**

MÉMO

- **On peut mémoriser que :**

VA = comptes (70, 71 et 72) moins comptes (60, 61 et 62)

EBE = comptes (70 à 74) moins comptes (60 à 64)

Résultat d'exploitation = comptes (70 à 75 + 781) - comptes (60 à 65 + 681)

- **Modèle de présentation des calculs pour une étude comparative dans le temps**

Postes	N en €	N en % VA	N-1 en €	N-1 en % VA	N/N-1 en %
Ventes de marchandises - Coût d'achat des marchandises vendues					
= Marge commerciale					
Production vendue + Production stockée + Production immobilisée					
= Production de l'exercice					
Marge commerciale + Production de l'exercice - Consommations en provenance des tiers					
= Valeur ajoutée (VA)					

Etc.

Les pourcentages permettent une interprétation plus pertinente que les montants en euros.

- **CAF = EBE + autres produits encaissables – autres charges décaissables**

On exclut les dotations et reprises sur amortissements, dépréciations et provisions, la valeur comptable des éléments d'actif cédés et les produits de cessions.

exos

EXERCICE 03.01

ÉTIENNE

Vous disposez en annexe 1 du compte de résultat de la société ÉTIENNE. Par ailleurs, un certain nombre de renseignements complémentaires vous sont fournis en annexe 2.

Travail à faire

1. **Calculer les SIG du PCG.**
2. **Retraiter les SIG, conformément aux prescriptions de la Centrale des bilans de la Banque de France en partant, pour chaque calcul, du SIG du PCG.**
3. **Calculer la CAF de deux façons.**

Annexe 1 – Compte de résultat

COMPTE DE RESULTAT DE L'EXERCICE – Société ETIENNE	Exercice N
Ventes de marchandises	1 961 300
Production vendue de biens	5 605 795
CHIFFRE D'AFFAIRES NET	7 567 095
Production stockée	328 180
Production immobilisée	28 125
Subventions d'exploitation	140 000
Reprises sur amortissements, dépréciations et provisions, transferts de charges [3]	100 800
Autres produits	16 420
TOTAL DES PRODUITS D'EXPLOITATION (I)	8 180 620
Achats de marchandises	1 248 170
Variations des stocks marchandises	180 625
Achats de matières premières et autres approvisionnements	1 113 950
Variations des stocks matières premières et autres approvisionnements	– 85 160
Autres achats et charges externes	1 148 452
Impôts, taxes et versements assimilés	163 292
Salaires et traitements	1 992 100
Charges sociales	853 390
Dotations aux amortissements sur immobilisations	726 110
Dotations aux dépréciations sur actif circulant	38 600
Dotations aux provisions	39 700
Autres charges	29 519
TOTAL DES CHARGES D'EXPLOITATION (II)	7 448 748

COMPTE DE RESULTAT DE L'EXERCICE – Société ETIENNE	Exercice N
1. RÉSULTAT D'EXPLOITATION (I – II)	731 872
Bénéfice attribué ou perte transférée **(III)**	
Perte supportée ou bénéfice transféré **(IV)**	
Produits financiers de participations	
Produits des autres valeurs mobilières et créances de l'actif immobilisé	24 250
Autres intérêts et produits assimilés	
Reprises sur dépréciations, provisions et transferts de charges	18 900
Produits nets sur cessions de VMP	
TOTAL DES PRODUITS FINANCIERS (V)	43 150
Dotations financières aux amortissements, dépréciations et provisions	14 000
Intérêts et charges assimilées	169 349
Différences négatives de change	
Charges nettes sur cessions de VMP	
TOTAL DES CHARGES FINANCIÈRES (VI)	183 349
2. RÉSULTAT FINANCIER (V – VI)	- 140 199
3. RÉSULTAT COURANT (I + II + III + IV + V – VI)	591 673
Produits exceptionnels sur opérations de gestion	
Produits exceptionnels sur opérations en capital [1]	138 000
Reprises sur dépréciations, provisions et transferts de charges	11 700
TOTAL DES PRODUITS EXCEPTIONNELS (VII)	149 700
Charges exceptionnelles sur opérations de gestion	168 200
Charges exceptionnelles sur opérations en capital [2]	27 000
Dotations exceptionnelles aux amortissements, dépréciations et provisions	
TOTAL DES CHARGES EXCEPTIONNELLES (VIII)	195 200
3. RESULTAT EXCEPTIONNEL (VII – VIII)	- 45 500
Participation des salariés **(IX)**	80 813
Impôts sur les bénéfices **(X)**	212 720
TOTAL DES PRODUITS (I + III + V + VII)	8 373 470
TOTAL DES CHARGES (II + IV + VI + VIII + IX + X)	8 120 830
BÉNÉFICE OU PERTE (Produits – Charges)	252 640
[1] dont produits de cessions sur immobilisations	58 000
et quote-part de subventions	80 000
[2] valeurs comptables des éléments d'actifs cédés	27 000
[3] transferts de charges	56 800

Annexe 2 – Renseignements complémentaires

1. Les loyers de location-financement versés au cours de l'exercice N correspondent :

- à des outillages industriels
  - valeur d'origine : 720 000 € ;
  - amortissables en linéaire au taux de 20 % ;
  - au 31/12/N, il reste 4 loyers trimestriels de 50 100 € à verser.

- à du matériel ayant fait l'objet d'un contrat de location-financement en septembre N :
  - valeur d'origine : 600 000 € ;
  - amortissable en linéaire sur 4 exercices ;
  - premier loyer : 3/10/N ;
  - au 31/12/N, il reste 15 loyers trimestriels de 49 600 € à verser.

2. Charges de personnel extérieur .... 371 200 €;

3. Les autres produits concernent des redevances pour brevets. Les autres charges sont des pertes sur créances irrécouvrables.

4. Les escomptes accordés s'élèvent à 50 000 €.

5. Les subventions d'exploitation ont été reçues pour compenser des insuffisances du prix de vente.

CORRIGÉ 03.01

1. Tableau des SIG (version PCG)

Produits	N	Charges	N	Soldes	N
Ventes de marchandises	1 961 300	Coût d'achat m/ses	1 428 795	Marge commerciale	532 505
Production vendue Production stockée Production immobilisée	5 605 795 328 180 28 125			Production de l'exercice	5 962 100
Production de l'exercice Marge commerciale **Total**	5 962 100 532 505 6 494 605	Consommations de l'exercice **Total**	2 177 242 2 177 242	Valeur ajoutée	4 317 363
Valeur ajoutée Subventions d'exploitation **Total**	4 317 363 140 000 4 457 363	Impôts et taxes Charges de personnel **Total**	163 292 2 845 490 3 008 782	EBE	1 448 581
EBE Reprises Autres produits **Total**	1 448 581 100 800 16 420 1 565 801	Dotations Autres charges **Total**	804 410 29 519 833 929	Résultat d'exploitation	731 872
Résultat d'exploitation Produits financiers **Total**	731 872 43 150 775 022	Charges financières **Total**	183 349 183 349	Résultat courant avant impôt	591 673

Produits	N	Charges	N	Soldes	N
Produits exceptionnels	149 700	Charges exceptionnelles	195 200	Résultat exceptionnel	- 45 500
Résultat courant avant impôts Résultat exceptionnel **Total**	591 673 - 45 500 546 173	Impôts sur les bénéfices Participation des salariés **Total**	212 720 80 813 293 533	Résultat de l'exercice	252 640
Produits des cessions	58 000	Valeurs comptables des éléments d'actif cédés	27 000	Plus-values et moins-values de cessions	31 000

2. Retraitements des SIG – CDB – BDF

Valeur ajoutée PCG	4 317 363
plus Subventions d'exploitation	140 000
plus Redevances de location financement [1]	250 000
plus Personnel extérieur	371 200
Valeur ajoutée CDB	5 078 563

[1] *Redevances de location financement*

Outillages industriels : 50 100 × 4	200 400
Matériel (un seul trimestre)	49 600
Total	250 000

EBE PCG	1 448 581
plus Redevances de location financement	250 000
plus Autres produits de gestion courante	16 420
moins Autres charges de gestion courante	- 29 519
moins Escomptes accordés	- 50 000
Résultat brut d'exploitation	1 635 482

3. Tableau de calcul de la CAF

À partir de l'EBE

EBE	1 448 581
Autres produits	16 420
Autres charges	- 29 519
Transferts de charges	56 800
Produits financiers	24 250
Charges financières	- 169 349
Produits exceptionnels	
Charges exceptionnelles	- 168 200
Participation des salariés	- 80 813
Impôts sur les bénéfices	- 212 720
CAF	885 450

À partir du résultat

Résultat de l'exercice	252 640
Dotations d'exploitation	804 410
Dotations financières	14 000
Dotations exceptionnelles	
Reprises d'exploitation	- 44 000
Reprises financières	- 18 900
Reprises exceptionnelles	- 11 700
Valeur comptable des éléments d'actif cédés	27 000
Produits de cessions d'éléments d'actifs	- 58 000
Quote-part de subventions d'investissement	- 80 000
CAF	885 450

EXERCICE 03.02

BOURGEOIS

La société BOURGEOIS a établi le tableau des soldes intermédiaires de gestion conformément au PCG. Elle souhaite améliorer les calculs des soldes avec une approche plus économique.

Travail à faire

1. **Déterminer la valeur ajoutée et l'EBE selon la Centrale des bilans de la Banque de France.**
2. **Calculer la CAF à partir de l'EBE.**
3. **Calculer la CAF à partir du résultat de l'exercice.**

Annexe 1

Compte de résultat exercice N

Charges		Produits	
Charges d'exploitation		**Produits d'exploitation**	
		Production vendue	1 800 000
Achats de matières premières et autres approvisionnements	370 000	**Montant net du chiffre d'affaires**	1 800 000
Variation des stocks	(25 000)	Production stockée	120 000
Achats non stockés de matières et fournitures	20 000	Reprises sur dépréciations et provisions	21 000
Services extérieurs		Autres produits	1 000
Personnel extérieur	35 000	**Total I**	1 942 000

Charges		Produits	
Redevances de location-financement	50 000	**Produits financiers**	
Autres	540 000	De participations	105 000
Impôts, taxes et versements assimilés	35 000	**Total II**	105 000
Charges de personnel	506 000	**Produits exceptionnels**	
Dotations aux amortissements et dépréciations		Sur opérations de gestion	75 000
sur immobilisations : amortissements	120 000	Sur opérations en capital	
sur actif circulant : dépréciations	32 000	Produits des cessions d'éléments d'actif	23 000
Dotations aux provisions	15 000	**Total III**	98 000
Autres charges	3 000		
Total I	1 701 000		
Charges financières			
Dotations aux amortissements, dépréciations et provisions ...	6 000		
Intérêts et charges assimilées ...	96 000		
Total II	102 000		
Charges exceptionnelles			
Sur opérations de gestion	7 000		
Sur opérations en capital			
Valeurs comptables des éléments d'actif cédés	85 000		
Total III	92 000		
Participation des salariés (IV) ...	46 000		
Impôts sur les bénéfices (V)	68 000		
Solde créditeur = bénéfice	136 000		
Total général (I + II + III + IV + V)	2 145 000	**Total des produits (I + II + III)** ...	2 145 000

Annexe 2

Tableau des SIG

Produits	N	Charges	N	Soldes	N
Production vendue	1 800 000				
Production stockée	120 000				
	1 920 000			Production de l'exercice	1 920 000
Production de l'exercice	1 920 000	Consommations de l'exercice en provenance des tiers [1]	990 000		
Total	1 920 000	**Total**	990 000	Valeur ajoutée	930 000

exos

Produits	N	Charges	N	Soldes	N
Valeur ajoutée	930 000	Impôts et taxes	35 000		
		Charges de personnel	506 000		
Total	930 000	**Total**	541 000	EBE	389 000
EBE	389 000	Dotations	167 000		
Reprises	21 000	Autres charges	3 000		
Autres produits	1 000				
Total	411 000	**Total**	170 000	Résultat d'exploitation	241 000
Résultat d'exploitation	241 000				
Produits financiers	105 000	Charges financières	102 000		
Total	346 000	Total	102 000	Résultat courant avant impôt	244 000
Produits exceptionnels	98 000	Charges exceptionnelles	92 000	Résultat exceptionnel	6 000
Résultat courant avant impôts	244 000	Impôts sur les bénéfices	68 000		
Résultat exceptionnel	6 000	Participation des salariés	46 000		
Total	250 000	**Total**	114 000	Résultat de l'exercice	136 000

Annexe 3

La société utilise un matériel d'une valeur à neuf de 160 000 €, loué en location-financement pour une durée de quatre ans. La valeur résiduelle en fin de contrat est estimée à 40 000 €.

Le poste « Autres produits de gestion courante » comprend :

Redevances pour brevets : 600
Revenus des immeubles : 300
Autres : 100

Le poste « Autres charges de gestion courante » comprend :

Redevances pour brevets : 1 500
Pertes sur créances irrécouvrables : 1 000
Autres : 500

CORRIGÉ 03.02

1. Retraitements de la Centrale de bilans de la Banque de France

• **Retraitement des charges de personnel**	
Charges de personnel (PCG)	506 000
Personnel extérieur	35 000
Charges de personnel après retraitement	541 000
• **Retraitement de la location-financement**	
– Redevances de location-financement (PCG)	50 000
Affectées aux amortissements (160 000 – 40 000)/4	– 30 000
Affectées aux charges financières (50 000 – 30 000)	– 20 000
Redevances après retraitement	0
– Dotations aux amortissements et aux dépréciations (PCG)	167 000
Redevances affectées aux dotations	+ 30 000
Dotations après retraitement	197 000
– Charges financières (PCG)	102 000
Redevances affectées aux charges financières	+ 20 000
Charges financières après retraitement	122 000
• **Retraitement de la valeur ajoutée**	
Valeur ajoutée (PCG)	930 000
+ Personnel extérieur	+ 35 000
+ Redevances de location-financement	+ 50 000
Valeur ajoutée après retraitement	1 015 000
• **Retraitement de l'EBE**	
EBE (PCG)	389 000
+ Redevances de location-financement	+ 50 000
+ Redevances pour brevets	+ 600
+ Revenus des immeubles	+ 300
– Redevances pour brevets	– 1 500
– Pertes sur créances irrécouvrables	– 1 000
EBE après retraitement	437 400

2. Calcul de la CAF à partir de l'EBE

EBE	389 000
Autres produits	1 000
Autres charges	– 3 000
Produits financiers encaissables	105 000
Charges financières décaissables	– 96 000
Produits exceptionnels encaissables (hors compte 775)	75 000

Charges exceptionnelles	– 7 000
Participation des salariés	– 46 000
Impôts sur les bénéfices	– 68 000
CAF	**350 000**

3. Calcul de la CAF à partir du résultat

Résultat de l'exercice	136 000
Dotations aux amortissements, dépréciations et provisions	173 000
Reprises sur dépréciations et provisions	– 21 000
Valeurs comptables des éléments d'actif cédés	85 000
Produits de cessions d'éléments d'actifs	– 23 000
CAF	**350 000**

Analyse fonctionnelle du bilan

Partir du bilan comptable proposé par le PCG et le transformer en un bilan fonctionnel est le point de départ incontournable de l'analyse du bilan. Les postes du bilan fonctionnel sont classés en emplois et ressources, dans le but d'appréhender la politique financière de l'entreprise et d'en déterminer des grandeurs caractéristiques.

I ▶ Établir le bilan fonctionnel

A. Les trois fonctions

- La fonction investissement concerne les opérations liées aux immobilisations incorporelles, corporelles et financières.
- La fonction financement concerne les postes capitaux propres et dettes financières.
- La fonction exploitation doit être prise au sens large : elle concerne toutes les autres opérations liées directement à l'exploitation ainsi que les opérations qualifiées de diverses.

B. Classification des postes du bilan en grandes masses

Les postes doivent être pris pour leurs valeurs brutes et avant affectation du résultat.

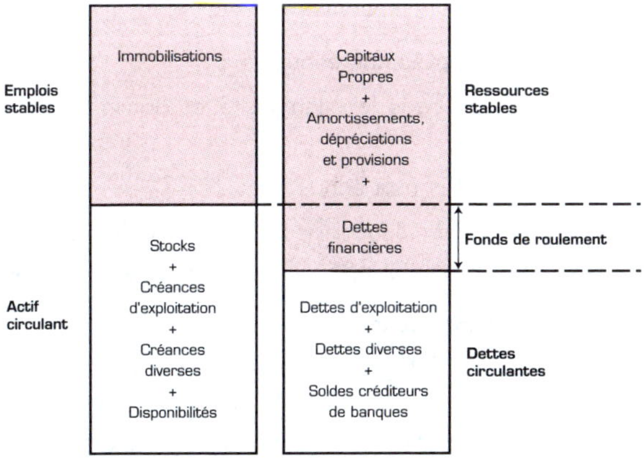

Figure 1 • Les grandes masses du bilan fonctionnel

C. Reclassement des postes du bilan

Les postes reclassés sont les suivants :

- **les postes de l'actif reclassés à l'actif**

et descendus dans les actifs circulants :

Intérêts courus sur créances immobilisées.

- **les postes éliminés de l'actif**

et retranchés des capitaux propres :

Actionnaires capital non appelé ;

Frais d'émission d'emprunt (charges à répartir).

et retranchés des dettes financières :

Primes de remboursement des obligations.

- **les postes du passif éliminés des dettes financières**

et ajoutés aux dettes circulantes

Concours bancaires courants et soldes créditeurs de banques

Comptes courants d'associés créditeurs (dépôts temporaires seulement).

Intérêts courus sur emprunts.

On obtient alors le bilan fonctionnel dont le modèle figure ci-contre.

D. Retraitement des postes du bilan

Certains postes du bilan font l'objet d'un retraitement préalable.

▸ Les écarts de conversion

Les écarts de conversion doivent être **éliminés** aussi bien à l'actif du bilan qu'au passif. En contrepartie, les créances et les dettes concernées par ces écarts doivent être ramenées à leur valeur d'origine.

▸ Les effets escomptés non échus

Ils ne figurent pas dans le bilan PCG et doivent être intégrés dans le bilan fonctionnel.

Les effets escomptés non échus sont :

– **ajoutés** à l'actif circulant dans les créances d'exploitation et, en contrepartie,

– **ajoutés** aux dettes circulantes dans les soldes créditeurs de banques.

▸ La location-financement

Le bilan fonctionnel intègre les biens financés par location-financement comme s'il s'agissait d'immobilisations acquises et financées par emprunt :

– la valeur d'origine de l'équipement est ajoutée aux *immobilisations* ;

– l'équivalent des amortissements qui auraient déjà été effectués est **ajouté** aux *ressources propres* ;

– l'équivalent de la partie non amortie est **ajouté** aux *dettes financières*.

Bilan fonctionnel type

ACTIF	PASSIF
EMPLOIS STABLES Actif immobilisé *brut* – Intérêts courus sur créances immobilisées + Valeur d'origine du bien financé par location-financement	**RESSOURCES STABLES** **Ressources propres** Capitaux propres – Actionnaires, capital non appelé – Frais d'émission d'emprunt + Amortissements et dépréciations + Amortissements du bien financé par location-financement + Provisions **Dettes financières** Dettes financières (montant au bilan) – Concours bancaires courants et soldes créditeurs de banque – Primes de remboursement des obligations – Intérêts courus sur emprunts + Valeur nette du bien financé par location-financement
ACTIF CIRCULANT (montant brut)	**DETTES CIRCULANTES**
Actif circulant d'exploitation Stocks + Avances et acomptes versés + Créances d'exploitation (+ effets escomptés non échus) + Autres créances d'exploitation + Charges constatés d'avance d'exploitation	**Dettes d'exploitation** Avances et acomptes reçus + Dettes fournisseurs d'exploitation + Dettes fiscales et sociales d'exploitation + Autres dettes d'exploitation + Produits constatés d'avance d'exploitation
Actif circulant hors exploitation Créances hors exploitation + Charges constatées d'avance hors exploitation + Capital souscrit appelé non versé + Intérêts courus sur créances immobilisées	**Dettes hors exploitation** Dettes fournisseurs d'immobilisations + Dettes fiscales (IS) + Autres dettes hors exploitation + Produits constatés d'avance hors exploitation + Intérêts courus sur emprunts
TRESORERIE ACTIF Valeurs mobilières de placement + Disponibilités	**TRESORERIE PASSIF** Concours bancaires courants et soldes créditeurs de banques + Effets escomptés non échus

II ► Calculer des grandeurs caractéristiques

A. Le fonds de roulement (ou fonds de roulement net global : FRNG)

► Définition

Le fonds de roulement est la partie de l'actif circulant financée par des ressources stables *(cf. figure 1)*. Cette définition est issue du principe de gestion selon lequel les ressources stables devraient financer les emplois stables en priorité. Le surplus de ressources stables finance des postes de l'actif circulant.

▸ Calcul

A partir des grandes masses du bilan fonctionnel, il est possible de *calculer* le fonds de roulement de *deux façons*.

– à partir du haut du bilan

Fonds de roulement = ressources stables – emplois stables

– à partir du bas du bilan

Fonds de roulement = actif circulant – dettes circulantes

FICHE 4

B. Le besoin en fonds de roulement

▸ Définition

Le besoin en fonds de roulement **(BFR)** naît des décalages de temps qui existent entre les opérations (achat, vente...) et les règlements correspondants. Les éléments d'actifs circulant créent des besoins de financement tandis que les dettes circulantes créent des ressources de financement. Il est fréquent que les besoins excèdent les ressources. C'est alors le fonds de roulement qui assure ce financement.

▸ Décomposition

On a vu précédemment que les postes de l'actif circulant pouvaient être regroupés en exploitation et hors exploitation. Il en résulte que l'on peut calculer un besoin en fonds de roulement d'exploitation **(BFRE)**, un besoin en fonds de roulement hors exploitation **(BFRHE)**.

▸ Calcul

BFRE = Actif circulant d'exploitation – Dettes d'exploitation

BFRHE = Actif circulant hors exploitation – Dettes hors exploitation

C. La trésorerie

▸ Définition et calcul

La trésorerie est déterminée directement à partir du bilan.

Trésorerie nette = Trésorerie actif – Trésorerie passif

▸ Ajustement fonds de roulement – besoin en fonds de roulement

Le fonds de roulement résulte de décisions à long terme et de ce fait est stable. Le besoin en fonds de roulement résulte des décalages à court terme entre les opérations et leur règlement. Il est variable et parfois soumis à des variations saisonnières. En conséquence l'ajustement entre le FR et le BFR se fait par la trésorerie.

Trésorerie = Fonds de roulement – BFR

Si FR > BFR ⇒ Trésorerie > 0

Si FR < BFR ⇒ Trésorerie < 0

Remarque. Les VMP sont reclassés par le PCG en hors exploitation, ce qui peut paraître discutable aujourd'hui. Leur positionnement en trésorerie est meilleur.

FICHE 4

III ▶ Interpréter le bilan fonctionnel

Il convient d'étudier les soldes issus du bilan fonctionnel : FR, BFRE, BFRHE et T.

Une étude comparative peut être intéressante tant dans le *temps* que par comparaison avec des entreprises du même *secteur*.

- Le fonds de roulement est relativement stable dans le temps notamment dans les entreprises de petite taille.

- Le besoin en fonds de roulement hors exploitation est souvent instable et en conséquence varie d'une année sur l'autre car lié à des évènements exceptionnels. Il reste assez faible cependant.

- Les soldes les plus volatils sont le besoin en fonds de roulement d'exploitation et la trésorerie. L'évolution du besoin en fonds de roulement d'exploitation dépend des relations que l'entreprise entretient avec ses clients et ses fournisseurs. En position dominée, elle subit les conditions de paiement imposées alors qu'en position dominante, elle détient un pouvoir de décision sur les conditions de crédit. La trésorerie résultant d'un ajustement entre FR et BFR ne peut être en conséquence que volatile. L'entreprise subit souvent les usages en vigueur dans le secteur d'activité auquel elle appartient.

Conseils

- **Bien consulter les annexes pour y trouver des renseignements sur les postes relatifs à l'exploitation ou au hors exploitation afin de les reclasser correctement.**
- **Retenir que l'actif du bilan fonctionnel est toujours en valeurs brutes et que le passif est avant affectation des résultats.**
- **Bien lire les énoncés pour y trouver les informations relatives aux retraitements (location-financement, effets escomptés non échus, nature des écarts de conversion).**

FICHE 4

MÉMO

FRNG	N-1	N	Variation
Ressources stables – Emplois stables			
Total			

BFRE	N-1	N	Variation
Actif circulant d'exploitation – Dettes d'exploitation			
Total			

BFRHE	N-1	N	Variation
Actif circulant hors exploitation – Dettes hors exploitation			
Total			

TRESORERIE	N-1	N	Variation
Trésorerie actif – Trésorerie passif			
Total			

Vérification	N-1	N	Variation
FRNG =			
BFRE + BFRHE + Trésorerie			
Total			

EXERCICE 04.01

SÉBOU

Le responsable financier de la société SÉBOU vous demande de lui présenter le bilan fonctionnel par grandes masses, en utilisant notamment les informations fournies dans les annexes.

Travail à faire

1. **Établir le bilan fonctionnel de la société SÉBOU, pour l'année N.**
2. **Déterminer les montants du fonds de roulement net global, du BFRE, du BFRHE et de la trésorerie.**

Annexe 1 – Informations diverses

1. L'entreprise a acquis, en début d'année N, des biens en location-financement, correspondant à du matériel :
   - valeur d'origine : 600 000 € ;
   - amortissable en linéaire sur 4 exercices ;
2. Les charges et les produits constatés d'avance concernent l'exploitation.
3. Les autres créances et les autres dettes sont relatives au hors exploitation.

Annexe 2 – Bilan actif au 31/12/N (en €)

BILAN ACTIF Société SÉBOU	Exercice clos le 31/12/N		
	Brut	**Am. & Dépréc.**	**Net**
Capital souscrit non appelé (0)			
ACTIF IMMOBILISE			
Immobilisations incorporelles			
Frais d'établissement	22 987	13 237	9 750
Immobilisations corporelles			
Terrains	1 035 600		1 035 600
Constructions	1 381 750	877 954	503 796
Inst. tech., mat. et out. industriels	1 168 125	539 141	628 984
Autres immobilisations corporelles	1 547 530	686 475	861 055
Immobilisations en cours	103 125		103 125
Immobilisations financières			
Participations	514 000	14 000	500 000
TOTAL (I)	5 773 117	2 130 807	3 642 310
ACTIF CIRCULANT			
Stocks			
Matières premières, approvisionnements	328 391		328 391
Produits intermédiaires et finis	686 295		686 295
Marchandises	266 556		266 556
Créances			
Clients et comptes rattachés	1 620 607	87 600	1 533 007
Autres créances	133 500		133 500
VMP	104 000		104 000
Disponibilités	20 800		20 800
Charges constatées d'avance	85 310		85 310
TOTAL (II)	3 245 459	87 600	3 157 859
Primes de remboursement des emprunts(IV)			
Ecarts de conversion actif (V)			
TOTAL GENERAL (0 à V)	9 018 576	2 218 407	6 800 169

exos

Annexe 3 – Bilan passif au 31/12/N (en €)

BILAN PASSIF avant répartition Société SÉBOU	
	Exercice N
CAPITAUX PROPRES	
Capital social ou individuel (Dont versé : ....)	1 812 500
Réserve légale	181 250
Autres réserves	777 440
Report à nouveau	11 100
Résultat de l'exercice	42 640
Subventions d'investissement	160 000
TOTAL (I)	2 984 930
AUTRES FONDS PROPRES	
Produits des émissions de titres participatifs	
Avances conditionnées	
TOTAL (II)	
PROVISIONS	
Provisions pour risques	63 700
Provisions pour charges	112 420
TOTAL (III)	176 120
DETTES	
Emprunts et dettes auprès des établissements de crédit	1 066 785
Dettes fournisseurs et comptes rattachés	1 724 579
Dettes fiscales et sociales	345 682
Dettes sur immobilisations et comptes rattachés	251 700
Autres dettes	242 123
Produits constatés d'avance	8 250
TOTAL (IV)	3 639 119
TOTAL GENERAL (I à V)	6 800 169
RENVOIS	
Dont concours bancaires courants, et soldes créditeurs	76 200

CORRIGÉ 04.01

1. Bilan fonctionnel

Bilans fonctionnels de la société SÉBOU (en €)

	N		N
EMPLOIS STABLES	**6 373 117**	**RESSOURCES STABLES**	**6 970 042**
Actif immobilisé brut (total I)	5 773 117	Total I	2 984 930
Valeur d'origine des biens acquis		Provisions	176 120
en location financement [2]	600 000	Amortissements et dépréciations	2 218 407
ACTIF CIRCULANT D'EXPLOITATION	**2 987 159**	Amortissements de la location-financement [3]	150 000
Stocks et en-cours			
MP et autres approvisionnements	328 391		
Produits intermédiaires et finis	686 295		
Marchandises	266 556	*RESSOURCES PROPRES*	*5 529 457*
Avances et acomptes versés		Dettes financières [1]	990 585
Créances d'exploitation		Valeur nette de la location financement [4]	450 000
Créances clients et comptes rattachés	1 620 607	**DETTES D'EXPLOITATION**	**2 078 511**
Charges constatées d'avance	85 310	Dettes fournisseurs	1 724 579
ACTIF CIRCULANT HORS EXPLOITATION	**133 500**	Dettes fiscales et sociales	345 682
		Produits constatés d'avance	8 250
Autres créances	133 500		
TRESORERIE ACTIF	**124 800**	**DETTES HORS EXPLOITATION**	**493 823**
Disponibilités	20 800	Dettes diverses	
Valeurs mobilières de placement	104 000	Dettes sur immobilisations	251 700
		Autres dettes	242 123
		TRESORERIE PASSIF	**76 200**
		Concours bancaires courants	76 200
TOTAL	**9 618 576**	**TOTAL**	**9 618 576**

	N
[1] Dettes financières	
Emprunts et dettes / étab. crédit	1 066 785
Concours bancaires courants	– 76 200
Dettes financières	990 585
[2] Valeur d'origine des biens acquis en location-financement 600 000	600 000
[3] Amortissements de la location financement	
$+ \frac{600\,000}{4} = 150\,000$	
[4] Valeur d'origine de la location-financement	600 000
Moins amortissements	150 000
Total	450 000

exos

2. FRNG, BFRE, BFRHE, Trésorerie

FRNG	N
Ressources stables	6 970 042
– Emplois stables	- 6 373 117
Total	**596 925**

BFRE	N
Actif circulant exploitation	2 987 159
– Dettes d'exploitation	- 2 078 511
Total	**908 648**

BFRHE	N
Actif circulant hors exploitation	133 500
– Dettes hors exploitation	- 493 823
Total	**-360 323**

TRESORERIE	N
Trésorerie actif	124 800
– Trésorerie passif	- 76 200
Total	**48 600**

Vérification	N
FRNG =	596 925
BFRE	908 648
BFRHE	- 360 323
Trésorerie	48 600
Total	**596 925**

EXERCICE 04.02

GARBOU

Vous disposez des bilans fonctionnels de la société GARBOU au **31/12/N-1 et au 31/12/N**.

Travail à faire

1. **Calculer et décomposer le fonds de roulement net global en ses composantes au 31/12/N-1 et au 31/12/N. Déterminer leurs variations entre les deux périodes.**
2. **Analyser l'évolution des grandeurs.**

Bilans fonctionnels de la société GARBOU

	N-1	N		N-1	N
EMPLOIS STABLES	**196 350**	**264 105**	**RESSOURCES STABLES**	**271 031**	**359 968**
Actif immobilisé brut (total I)	196 350	256 105	Total I	146 370	195 500
– Capital souscrit non appelé		- 17 000	– Capital souscrit non appelé		- 17 000
Valeur d'origine des biens acquis en location-financement		25 000	Provisions	2 720	1 190
			Amortissements et dépréciations	98 923	121 975
ACTIF CIRCULANT D'EXPLOITATION	**127 100**	**133 246**	Amortissements location-financement		5 000
Stocks et en-cours			– Amort frais d'établissement	- 5 100	- 8 500
MP et autres approv.	22 440	24 310	RESSOURCES PROPRES	248 013	306 665
Produits interm. et finis	46 580	52 700	Dettes financières	23 018	33 303
Créances d'exploitation			Valeur nette de location-financement		20 000
Créances clients et comptes rattachés	54 740	51 680	**DETTES D'EXPLOITATION**	**58 531**	**45 713**
+ Écart de conversion actif	340	170	Dettes fournisseurs	54 366	40 188
– Écart de conversion passif	- 765	- 85	+ Écart de conversion passif		714
Autres créances d'exploitation	3 000	3 400	– Écart de conversion actif		- 340
Charges constatées d'avance	765	1 071	Dettes fiscales et sociales	3 060	4 131
ACTIF CIRCULANT HORS EXPLOITATION	**3 800**	**6 800**	Produits constatés d'avance	1 105	1 020
Autres créances	3 800	6 800	**DETTES HORS EXPLOITATION**	**4 828**	**4 675**
TRESORERIE ACTIF	**7 140**	**6 970**	Intérêts courus	2 788	2 210
Disponibilités	4 590	4 080	Autres dettes	2 040	2 465
Valeurs mobilières de placement	2 550	2 890	**TRESORERIE PASSIF**	**0**	**765**
			Concours bancaires courants	0	765
TOTAL	**334 390**	**411 121**	**TOTAL**	**334 390**	**411 121**

exos

exos

CORRIGÉ 04.02

1. Fonds de roulement et décomposition

FRNG	N-1	N	Variation
Ressources stables	271 031	359 968	88 937
Emplois stables	- 196 350	- 264 105	- 67 755
Total	**74 681**	**95 863**	**21 182**

BFRE	N-1	N	Variation
Actif circulant exploitation	127 100	133 246	6 146
Dettes d'exploitation	- 58 531	- 45 713	12 818
Total	**68 569**	**87 533**	**18 964**

BFRHE	N-1	N	Variation
Actif circulant hors exploitation	3 800	6 800	3 000
Dettes hors exploitation	- 4 828	- 4 675	153
Total	**- 1 028**	**2 125**	**3 153**

TRESORERIE	N-1	N	Variation
Trésorerie actif	7 140	6 970	- 170
Trésorerie passif	0	- 765	765
Total	**7 140**	**6 205**	**- 935**

Vérification	N-1	N	Variation
FRNG =			
BFRE	68 569	87 533	18 964
BFRHE	- 1 028	2 125	3 153
Trésorerie	7 140	6 205	- 935
Total	**74 681**	**95 863**	**21 182**

2. Analyse de l'évolution des grandeurs

Le FRNG a augmenté de 28,36 %. Il a servi à financer l'augmentation du BFRE (27,65 %) et celle du BFRHE (multiplié par 3). Cette dernière augmentation ne doit cependant pas inquiéter en raison du caractère non récurrent des éléments composant ce poste. Cependant il en résulte une dégradation de la trésorerie. Elle demeure positive mais s'est amoindrie.

Rentabilité économique et financière, effet de levier

Apprécier l'efficacité des moyens mis en œuvre par rapport aux résultats obtenus est l'une des priorités de l'entreprise, tant au niveau de l'exploitation qu'au niveau financier.

FICHE 5

I ▶ La rentabilité économique et la rentabilité financière

A. Définition

La rentabilité est le rapport entre un résultat (profit) et les capitaux mis en œuvre pour l'obtenir.

B. La rentabilité des capitaux propres ou taux de rentabilité financière

▶ **Définition**

Le taux de rentabilité des capitaux propres (ou taux de rentabilité financière (r_C) mesure la rentabilité du point de vue des *associés*.

▶ **1re formule de calcul**

$$r_C = \frac{\textit{résultat de l'exercice}}{\textit{capitaux propres appelés}}$$

Ce taux s'exprime en pourcentage.

Le résultat est celui de l'exercice. Il a donc tenu compte de l'impôt sur les bénéfices.

Exemple

La Société Ami a réalisé un résultat de 173 500 € avec un montant de capitaux propres de 1 500 000 € pour l'année N.

Le ratio de rentabilité financière r_C vaut :

$$\frac{173\,500}{1\,500\,000} = 0{,}1157 \text{ soit } 11{,}57\ \%$$

▶ **2e formule de calcul**

On peut parfois préférer mesurer la rentabilité des capitaux propres à partir du résultat courant, notamment si des éléments exceptionnels viennent altérer de façon significative le résultat de l'exercice. Dans ce cas, on retiendra au numérateur le résultat courant après impôts augmenté de la participation. Appelons (*RC*) le numérateur de la formule ci-dessous et C les capitaux propres appelés.

$$r_C = \frac{\textit{résultat courant après impôts et participation}}{\textit{capitaux propres appelés}} = \frac{RC}{C}$$

Le résultat courant après impôts est déterminé à partir du résultat courant avant impôts et diminué d'un impôt théorique au taux de 33 1/3 %.

Exemple

Pour la Société Ami, le résultat courant avant impôts est de 469 000 et la participation de 36 000.

En conséquence, l'impôt théorique est de 469 000 × 33 1/3 % = 156 333

Et le résultat courant après impôts et participation de 469 000 - 156 333 - 36 000 = 276 667

Le ratio r_c vaut :

$$\frac{276\,667}{1\,500\,000} = 0{,}1844 \text{ soit } 18{,}44\ \%$$

FICHE 5

C. La rentabilité économique

▶ Définition

La rentabilité économique exprime la rentabilité de l'ensemble des capitaux investis dans l'entreprise, sans tenir compte de l'origine de ces capitaux (capitaux propres ou capitaux empruntés). Elle intéresse les prêteurs car elle conditionne la capacité de remboursement de l'entreprise. Elle intéresse également les *gestionnaires* de l'entreprise car elle permet de mesurer la performance industrielle et commerciale de l'entreprise.

▶ 1re formule de calcul

On calcule le ratio de rentabilité économique r_A en mettant au numérateur la somme du résultat (rémunération des capitaux propres) et des intérêts des dettes financières (rémunération des capitaux empruntés). Le dénominateur rassemble toutes les ressources stables (capitaux propres et dettes financières).

$$r_A = \frac{\textit{résultat + charges d'intérêts}}{\textit{ressources stables}}$$

Exemple

Pour la Société Ami, les ressources stables s'élèvent à 2 700 000 et les charges d'intérêt à 80 000.

Ce ratio vaut :

$$\frac{173\,500 + 80\,000}{2\,700\,000} = 0{,}0939 \text{ soit } 9{,}39\ \%$$

▶ 2e formule de calcul

Afin de faire des comparaisons dans le temps et dans l'espace, il est préférable de retenir un résultat économique après impôt généré par les actifs économiques.

$$r_A = \frac{\textit{Résultat économique}}{\textit{Actifs économiques}} = \frac{RA}{A}$$

• Le terme d'actifs économiques *(A)* désigne la valeur du total des actifs, diminuée des provisions et des dettes d'exploitation.

Actifs économiques = actifs – (provisions + dettes d'exploitation)
= immobilisations nettes + BFRE + trésorerie de l'actif

FICHE 5

Actifs économiques	Capitaux propres
Immobilisations nettes BFRE Disponibilités + V.M.P	**Dettes financières** Emprunts Concours bancaires

Les actifs économiques sont la contrepartie des capitaux propres et des dettes financières

• Le résultat économique *(RA)* est le résultat généré par les actifs économiques.

Résultat économique = résultat d'exploitation après impôt
+ produits financiers des VMP

Comme précédemment, on détermine un impôt théorique au taux de 33 1/3 %.

Exemple

L'entreprise Ami a un résultat d'exploitation avant impôt de 546 000. Les produits financiers après impôts s'élèvent à 3 000.

L'impôt théorique est de 546 000 × 33 1/3 % = 182 000.

Son résultat économique est donc de 546 000 - 182 000 + 3 000 = 367 000.

Ses actifs économiques ont une valeur de 2 700 000.

Calculons le taux de rendement des actifs économiques = $r_A = \frac{367\ 000}{2\ 700\ 000}) = 13{,}59\ \%$.

II ▶ L'effet de levier

Le taux de rentabilité des capitaux propres (r_A) varie avec le niveau de l'endettement.

L'effet de levier permet d'apprécier la bonne composition du financement (part des dettes financières par rapport aux capitaux propres). Étudions deux hypothèses, l'absence d'endettement, puis le cas d'un endettement.

FICHE 5

A. Absence d'endettement de l'entreprise

Lorsque l'entreprise est financée uniquement par des capitaux propres, la valeur des capitaux propres (C) égale celle des actifs économiques : $C = A$.

Le résultat courant est égal au résultat économique car il n'y a pas de charges d'intérêts :

$RC = RA$. Les taux de rendement respectifs des actifs économiques et des capitaux propres sont alors égaux :

$$\frac{RA}{A} = \frac{RC}{C} \Leftrightarrow r_A = r_C.$$

Exemple

L'entreprise A a un résultat d'exploitation prévu de 1 000 mais le résultat réel va fluctuer autour de la valeur prévue. Ses actifs économiques ont une valeur de 10 000. Elle n'a pas de VMP et **son résultat économique se confond avec son résultat d'exploitation**. Calculons le taux de rendement des actifs économiques pour quelques valeurs possibles du résultat économique.

Résultat économique *(RA)*	800	**1 000**	1 200
Actifs économiques *(A)*	10 000	**10 000**	10 000
Taux de rendement des actifs économiques (r_A)	$\frac{800}{10\,000} = 8\ \%$	$\mathbf{\frac{1\,000}{10\,000} = 10\ \%}$	$\frac{1\,200}{10\,000} = 12\ \%$

B. Cas de l'endettement

Lorsque les actifs de l'entreprise sont financés en partie par l'emprunt, le résultat courant *(RC)* est égal au résultat économique après impôt diminué des charges d'intérêts après impôts (*RD*) :

$$\boldsymbol{RC = RA - RD.}$$

et r_D le taux d'intérêt des dettes après impôt (ou taux de rendement des dettes pour les prêteurs) est calculé ainsi : ($r_D = \frac{\text{RD}}{\text{D}}$) ;

Étudions l'effet des charges d'intérêts sur le *taux de rendement des capitaux propres*.

Exemple (suite)

Nous supposons que l'entreprise A a un endettement de 4 000 rémunéré au taux après impôt de 5 %. Il suffit de compléter les dettes par 6 000 de capitaux propres pour financer l'actif de 10 000. Calculons le taux de rendement des capitaux propres pour quelques valeurs possibles du résultat économique.

Taux de rendement des actifs économiques (r_A)	8 %	**10 %**	12 %
Résultat économique - charges d'intérêts (5 % × 4 000)= résultat courant	800 - 200 600	**1 000** - 200 **800**	1 200 - 200 1 000
Capitaux propres (C = 10 000 - 4 000)	6 000	**6 000**	6 000
Taux de rendement des capitaux propres (r_C)	$\frac{600}{6\,000} = 10\ \%$	$\mathbf{\frac{800}{6\,000} = 13{,}3\ \%}$	$\frac{1\,000}{6\,000} = 16{,}7\ \%$

Quand le taux de rendement des actifs diminue de 2 points (de 10 % à 8 %), le taux de rendement des capitaux propres baisse de 3,3 points (de 13,3 % à 10 %).

La variation du rendement des capitaux propres ne résulte pas seulement de la variation du rendement des actifs économiques. Elle lui est supérieure quand l'entreprise est endettée. C'est *la manifestation de* l'effet de levier (*cf.* D infra).

C. Relation d'équilibre des taux de rendement

On démontre que le taux de rendement des actifs économiques est la moyenne arithmétique pondérée des taux de rendement avant impôt des capitaux propres et des dettes financières.

$$r_A = r_C \times \frac{C}{C + D} + r_D \times \frac{D}{C + D}$$

D. L'effet de levier financier

▶ Définition

L'effet de levier financier mesure *l'incidence d'un endettement* sur le taux de rentabilité financière. Il est la différence entre la rentabilité financière et la rentabilité économique. Il est positif, négatif ou nul. Il est déterminé avant ou après impôt.

▶ Formules de calcul

Effet de levier = $r_C - r_A$

On démontre que le taux de rendement avant impôt des capitaux propres (ou taux de rentabilité financière) est égal à :

$$r_C = r_A + (r_A - r_D) \times \frac{D}{C} \text{ (1)}$$

Il en résulte que l'effet de levier peut être aussi calculé ainsi :

$$\textit{Effet de levier} = r_A - r_D \times \frac{D}{C} \text{ (2)}$$

▶ Interprétation

Il résulte de la formule (1) que le taux de rendement des capitaux propres est une fonction croissante du taux d'endettement dans la mesure où le taux d'intérêt des dettes r_D est *inférieur* au taux de rendement des actifs r_A.

Cette propriété est appelée « levier financier ».

- Le rapport D/C est appelé bras de levier.

Si D = 0, l'effet de levier est nul (*cf.* formule 2) et $r_A = r_C$ (*cf.* formule 1)

Si D > 0 et :

Si $r_A = r_D$ alors $r_A = r_C$

Si $r_A > r_D$ l'effet de levier joue positivement $\Rightarrow r_C > r_A$ (*cf.* formule 1)

FICHE 5

Si $r_A < r_D$ l'effet de levier joue négativement $\Rightarrow r_C < r_A$ (*cf.* formule 1). On parle alors d'effet de massue.

- ***L'intensité de*** l'effet de levier dépend :

– de l'importance de la différence $r_A - r_D$;

– et du poids du bras de levier.

Plus la différence est importante et plus le bras de levier est important (dû à un montant des dettes élevé), plus l'effet de levier joue positivement.

Il est donc possible d'accroître la rentabilité des capitaux propres en recourant à l'endettement. Mais cette recherche de gain présente un risque financier non négligeable.

Exemple

Calculons le taux de rendement des capitaux propres pour différents niveaux d'endettement. Le taux d'intérêt des emprunts est r_D = 5 %. Nous considérerons :

- d'abord, que le taux de rendement des actifs de la société A est r_A = 10 % (rendement prévu) ;
- puis, dans un deuxième temps, que la rentabilité des actifs a chuté à r_A = 2 % par suite d'un retournement de la conjoncture.

Dettes *(D)*	0	**4 000**	6 000
Capitaux propres *(C)*	10 000	**6 000**	4 000
Taux d'endettement = $\frac{D}{C}$	0 %	66,67 %	150 %
Taux de rendement des actifs économiques : **r_A = 10 %**			
Taux de rendement des capitaux propres (r_C)	0,10 + (0,10 - 0,05) × 0 = **10 %**	0,10 + (0,10 - 0,05) × 66,67 % = **13,33 %**	0,10 + (0,10 - 0,05) × 150 % = **17,5 %**
Taux de rendement des actifs économiques : **r_A = 2 %**			
Taux de rendement des capitaux propres *(r_C)*	0,02 + (0,02 - 0,05) × 0 = **2 %**	0,02 + (0,02 - 0,05) × 66,67 % = **0 %**	0,02 + (0,02 - 0,05) × 150 % = **- 2,5 % !**

Nous constatons que le levier financier a un effet multiplicateur du rendement, aussi bien à la hausse (r_A = 10 %), qu'à la baisse (r_A = 2 %). Dans le second cas, il arrive même que le rendement des capitaux propres en devienne négatif ce qui nous confirme la réalité d'un risque financier.

Conseils

- **Se méfier car selon les auteurs, on ne trouve pas exactement les mêmes composantes pour les ratios de rentabilité économique et financière.**
- **Ne pas confondre le levier financier et le levier d'exploitation.**
- **Penser à retrancher l'impôt lors du calcul du coût des dettes.**

MÉMO

	Indicateurs	Formules	Intérêt
Rentabilité économique	• Taux de rentabilité d'exploitation ou taux de rendement des actifs économiques	• $r_A = \frac{\text{Résultat + Charges financières}}{\text{Ressources stables}}$ Ou $= \frac{\text{Résultat économique}}{\text{Actifs économiques}}$	• Il exprime la rentabilité moyenne de l'ensemble des capitaux investis.
Rentabilité financière et risque financier	• Taux de rentabilité financière • Levier financier	• $r_C = \frac{\text{Résultat de l'exercice}}{\text{Capitaux propres}}$ • $(r_A - r_D) \times \frac{D}{C}$ $\frac{D}{C}$ est le taux d'endettement. Il joue le rôle de bras de levier. avec D = Dettes financières C = Capitaux propres	• Il mesure la rentabilité du point de vue des associés. • Il permet d'apprécier la bonne composition du financement de l'entreprise et notamment l'incidence de l'endettement sur la rentabilité financière.
Relation entre rentabilité économique et rentabilité financière		$r_C = r_A + (r_A - r_D) \times \frac{D}{C}$	Le recours à l'endettement met en œuvre l'effet de levier lorsque $r_A > r_D$. Dans le cas contraire on assiste à un effet de massue.

FICHE 5

EXERCICE 05

L'entreprise Kanak a deux filiales A et B qui réalisent un résultat d'exploitation identique. Cependant l'une A n'est pas endettée alors que l'autre B l'est et leurs ressources stables sont égales. Il s'agit de mesurer leur performance économique et financière. L'entreprise est soumise à un taux d'IS de 33 1/3 %.

Travail à faire

1. **Déterminer le taux de rentabilité économique de chaque entreprise.**
2. **Déterminer le taux de rentabilité des capitaux propres de chaque entreprise.**
3. **Conclure.**
4. **Déterminer l'effet de levier de deux façons.**
5. **À quelles conditions l'effet de levier se manifeste-t-il ?**
6. **Qu'appelle-t-on effet de massue ? Quand se manifeste-t-il ?**

Annexe 1 – Extraits des comptes de résultat

	Entreprise A	Entreprise B
Résultat d'exploitation	60 000	60 000
Intérêts et charges assimilées		3 600
Résultat courant avant impôt	60 000	56 400
Impôt sur les bénéfices	20 000	18 800
Résultat net	40 000	37 600

Annexe 2 – Extraits des bilans

	Entreprise A	Entreprise B
Capitaux propres	200 000	140 000
Dettes financières		60 000
Capitaux engagés	200 000	200 000

CORRIGÉ 05

1. Taux de rentabilité économique

Le résultat d'exploitation est déterminé après l'impôt correspondant : 60 000 (1 – 33 1/3 %) = 40 000.

	Entreprise A	Entreprise B
$r_A = \frac{\text{Résultat d'exploitation net d'impôt}}{\text{Ressources stables}}$	$\frac{40\,000}{200\,000} = 20\,\%$	$\frac{40\,000}{200\,000} = 20\,\%$

2. Taux de rentabilité financière

Le résultat courant (après charges financières et avant charges exceptionnelles) est déterminé après l'impôt correspondant :
60 000 (1 – 33 1/3 %) = 40 000 pour l'entreprise A
56 400 (1 – 33 1/3 %) = 37 600 pour l'entreprise B.

	Entreprise A	Entreprise B
$r_C = \frac{\text{Résultat courant net d'impôt}}{\text{Capitaux propres}}$	$\frac{40\,000}{200\,000} = 20\,\%$	$\frac{37\,600}{140\,000} = 26{,}86\,\%$

exos

3. Conclusion

On constate que le taux de rentabilité financière de l'entreprise B endettée est supérieur à celui de l'entreprise A non endettée. L'endettement a pour conséquence d'améliorer le rendement des capitaux propres. C'est la manifestation de l'effet de levier.

4. Effet de levier

▶ **1re méthode :**

	Entreprise A	Entreprise B
Effet de levier = $r_C - r_A$	20 % - 20 % = 0 %	26,86 % - 20 % = 6,86 %

▶ **2e méthode :**

Pour l'*entreprise A* non endettée, l'effet de levier $(r_A - r_D) \times \frac{D}{C}$ est nul.

Pour l'*entreprise B* endettée, on a : $(r_A - r_D) \times \frac{D}{C} = (20\,\% - 4\,\%) \times \frac{60\,000}{140\,000} = 6{,}86\,\%$
avec $r_D = \frac{3\,600}{60\,000} = 6\,\%$ soit après impôt 6 % (1 – 33 1/3 %) = 4 %.

5. Conditions de réalisation de l'effet de levier

L'effet de levier résulte de la différence entre le rendement des actifs et le taux d'intérêt moyen des dettes financières. Plus cette différence est grande, plus l'effet de levier est important.
L'effet de levier est proportionnel au bras de levier qui est égal à $\frac{D}{C}$. Lorsque l'entreprise accroît son endettement, l'effet de levier augmente.

6. Effet de massue

Lorsque le taux d'intérêt moyen des dettes financières est supérieur au taux de rendement des actifs, la différence $(r_A - r_D)$ devient négative. Elle est d'autant plus importante que le taux d'intérêt des dettes augmente. Le taux de rendement des capitaux propres s'effondre alors. On parle d'effet de massue.

Analyse par les ratios

L'analyse financière utilise traditionnellement des ratios pour réaliser un diagnostic. Ceux-ci doivent couvrir tous les domaines concernés tels que l'activité, la rentabilité, la structure financière afin de permettre de porter un jugement d'ensemble sur l'entreprise.

FICHE 6

I ▶ La méthode des ratios

A. Définition

Un ratio est un rapport entre deux grandeurs caractéristiques de l'*activité*, de la *situation économique* ou des *performances* d'une entreprise.

B. Comparaisons permises par les ratios

▶ **Les ratios permettent de comparer la valeur relative des grandeurs issues du bilan et du compte de résultat.**

Un ratio s'exprime le plus souvent en *pourcentage* [1].

Un ratio isolé n'est pas significatif. Les ratios doivent être utilisés pour comparer la situation actuelle de l'entreprise étudiée :

- soit avec les situations passées de la même entreprise.
- soit avec la situation actuelle d'autres entreprises.

▶ **Les ratios de l'entreprise doivent être comparés à des valeurs normatives :**

La valeur normée d'un ratio peut résulter :

- d'un usage : l'expérience des analystes les conduit à un consensus sur les valeurs considérées comme normales ;
- d'une comparaison avec un échantillon d'entreprises dont l'activité et la taille sont analogues.

II ▶ Les ratios de structure financière

A. Définition

Un ratio de structure financière est un rapport entre deux grandeurs du bilan fonctionnel.

B. Financement des emplois stables

Comme il a été vu dans la fiche 5, on considère traditionnellement que les emplois stables doivent être financés par des ressources stables.

1 A l'exception des ratios de rotation des stocks, créances et fournisseurs.

$$\textbf{Ratio de couverture des emplois stables} = \frac{\textit{ressources stables}}{\textit{emplois stables}} > 100\ \%$$

La Centrale des bilans de la Banque de France élargit ce ratio. Il faut financer par les ressources stables, non seulement les emplois stables mais aussi le BFR d'exploitation (BFRE).

Le capital investi est la somme des actifs immobilisés et du BFRE.

$$\textbf{Ratio de couverture des capitaux investis} = \frac{\textit{ressources stables}}{\textit{capitaux investis}} \simeq 100\ \%$$

C. Indépendance financière

$$\textbf{Taux d'endettement financier} = \frac{\textit{endettement financier}}{\textit{capitaux propres appelés}} < 100\ \%$$

L'endettement financier est égal aux dettes financières augmentées des soldes créditeurs de banques (y compris les effets escomptés non échus).

III ▶ Les ratios d'activité

A. Ratios de rotation

Les ratios de rotation rapportent un poste (ou une grande masse) du bilan à un flux correspondant du compte de résultat.

▶ Relation entre le besoin en fonds de roulement et le chiffre d'affaires

$$\textbf{Poids du BFR d'exploitation} = \frac{\textit{BFRE}}{\textit{CAHT}}$$

Lorsqu'on constate une modification du « *poids du BFRE* », il est souhaitable de préciser quels sont les décalages responsables de cette évolution. Les délais indiqués par les ratios de rotation répondent à cette question.

▶ Règles communes aux trois ratios de rotation

Les délais de rotation sont obtenus en formant le rapport entre :

– un **poste du BFRE** (stock, créance ou dette) ;

– et un **flux** d'achat, de production ou de vente.

Les délais de rotation sont exprimés en une unité de temps (généralement le *jour*). Il est nécessaire de convertir la période (*annuelle*) du flux dans l'unité de temps (le *jour*) exprimant le délai, en multipliant le rapport par 360.

▶ Délai de rotation des stocks

Le délai de rotation des stocks (en jours) est obtenu en formant le rapport :

- Pour les matières premières et autres approvisionnements :

$$\frac{\textit{stocks moyens}}{\textit{coût annuel des achats}} \times 360$$

FICHE 6

- Pour les produits intermédiaires et finis :

$$\frac{\textit{stocks moyens}}{\textit{coût annuel de production}} \times 360$$

▶ **Délai de règlement des clients (ou ratio de crédit clients)**

Le délai de règlement des clients (en jours) [2] est obtenu en formant le rapport :

$$\frac{\textit{créances clients}}{\textit{ventes annuelles TTC}} \times 360$$

Les créances clients figurant au numérateur sont égales à la *moyenne* des créances clients *brutes* observées à l'ouverture et à la clôture de l'exercice. Les créances clients :

- sont *augmentées* des effets escomptés non échus et des écarts de conversion actif relatifs aux créances clients ;
- sont *diminuées* des « avances et acomptes reçus des clients » et des écarts de conversion passif relatifs aux créances clients.

▶ **Délai de règlement aux fournisseurs (ou ratio de crédit-fournisseur)**

Le délai de règlement aux fournisseurs (en jours) est obtenu en formant le rapport :

$$\frac{\textit{dettes fournisseurs}}{\textit{achats et services extérieurs}} \times 360$$

Les dettes fournisseurs figurant au numérateur sont égales à la *moyenne* des dettes fournisseurs observées à l'ouverture et à la clôture de l'exercice. Les dettes fournisseurs sont *diminuées* des « avances et acomptes versés sur commandes ». Elles tiennent compte des écarts de conversion relatifs aux dettes fournisseurs.

B. Les ratios d'activité issus du compte de résultat

L'évolution de l'activité est mesurée par le taux de variation d'un indicateur d'activité (CAHT le plus souvent).

- Taux de variation du chiffre d'affaires = $\frac{CA_n - CA_{n-1}}{CA_{n-1}}$

La valeur ajoutée semble un indicateur plus approprié.

- Taux de variation de la valeur ajoutée = $\frac{VA_n - VA_{n-1}}{VA_{n-1}}$

[2] En anglais, le DSO (*Days of Sales Outstanding*).

IV ▶ Les ratios de profitabilité

L'étude de la profitabilité met en relation une marge ou un profit avec le niveau d'activité (mesuré par le chiffre d'affaires). Il mesure la performance de l'entreprise.

A. Taux de marge

- Taux de marge = $\dfrac{\textit{marge commerciale}}{\textit{prix d'achat HT}}$

B. Taux de marque

- Taux de marge = $\dfrac{\textit{marge commerciale}}{\textit{prix de vente HT}}$

- Taux de marque = $\dfrac{\textit{marge commerciale}}{\textit{prix de vente HT}}$

Le taux de marge et les taux de marque sont du même ordre de grandeur dans toutes les entreprises d'un même secteur d'activité.

C. Taux de marge

- Taux de marge bénéficiaire = $\dfrac{\textit{résultat de l'exercice}}{\textit{CAHT}}$

- Taux de marge brute d'exploitation = $\dfrac{\textit{EBE}}{\textit{CAHT}}$

- Taux de marge commerciale = $\dfrac{\textit{marge commerciale}}{\textit{vente de marchandises}}$

Dans les entreprises commerciales, la marge commerciale est le premier indicateur des performances.

D. Répartition de la valeur ajoutée

On calcule la répartition de la valeur ajoutée (au coût des facteurs) entre les parties prenantes :
– le personnel .... Charges de personnel + participation / VA
– l'État .... Impôts, taxes et impôts sur les bénéfices / VA
– les associés .... Distributions (3) / VA
– les prêteurs .... Charges d'intérêts / VA
– l'entreprise .... Autofinancement (4) / VA

(3) Dividendes et intérêts des comptes courants d'associés

(4) L'autofinancement peut se calculer par différence avec les autres affectations de la valeur ajoutée.

FICHE 6

V ▶ Les ratios de rentabilité

Rappelons que la rentabilité se définit comme le rapport entre un profit et les moyens en capitaux ayant permis de l'obtenir.

La fiche n° 6 fournit un certain nombre de ratios permettant de mesurer et d'apprécier la rentabilité économique et financière.

VI ▶ Les ratios d'autofinancement

A. Répartition de la valeur ajoutée

La fraction de la valeur ajoutée consacrée à l'autofinancement (*cf.* D infra) est mesurée par le ratio :

$$\frac{autofinancement}{valeur\ ajoutée}$$

avec autofinancement = CAF – Dividendes

B. Capacité d'endettement

Le ratio $\frac{dettes\ financières}{CAF}$ montre dans quelle mesure la capacité d'autofinancement est suffisante pour financer le remboursement des dettes financières. Si ce ratio est trop élevé, l'entreprise ne pourra pas s'endetter davantage.

Les banques exigent habituellement que les dettes n'excèdent pas trois années de CAF.

VII ▶ Diagnostic rapide

Il est préférable d'utiliser un nombre réduit de ratios mais de savoir bien les choisir.

Cinq ratios peuvent suffire pour faire un diagnostic rapide :
Frais financiers/CA < 3 %
Frais financiers/EBE < 50 %
Fonds de roulement > 50 % des actifs circulants
Capitaux propres/Ressources stables > 50 %
Créances à moins d'un an et disponibilités/dettes à moins d'un an >1.

Conseils

- **Compléter le nom d'un ratio par les composantes du numérateur et du dénominateur.**
- **Observer l'évolution d'un ratio dans le temps plutôt qu'une valeur unique à un instant *t*.**
- **Comparer les ratios d'une entreprise avec ceux d'entreprises du même secteur.**
- **Calculer un ratio n'a de sens que s'il y a cohérence entre les grandeurs retenues au numérateur et au dénominateur (montant TTC ou HT, valeurs brutes ou valeurs nettes).**

MÉMO

Points clefs	Noms	Composition	Signification
Structure financière	• Couverture des emplois stables	• $\frac{\text{Ressources stables}}{\text{Emplois stables}}$	• > 1 sauf dans la distribution
	• Couverture des capitaux investis	• $\frac{\text{Ressources stables}}{\text{Actifs immobilisés + BFRE}}$	• proche de 1
	• Taux d'endettement	• $\frac{\text{Endettement financier}}{\text{Capitaux propres appelés}}$	• < 100 %
	• Délai de rotation des stocks	• $\frac{\text{Stock moyen}}{\text{Coût annuel des achats}} \times 360$ Ou coût annuel de production	• varie selon le secteur d'activité
	• Délai de règlement des clients	• $\frac{\text{Créances clients moyennes}}{\text{Ventes annuelles TTC}} \times 360$	• à rapprocher du délai de règlement aux fournisseurs
	• Délai de règlement aux fournisseurs	• $\frac{\text{Dettes fournisseurs moyennes}}{\text{Achats TTC + Services extérieurs}} \times 360$	• à rapprocher du délai de règlement des clients
	• Capacité d'endettement	• $\frac{\text{Dettes financières}}{\text{CAF}}$	• < 3 pour banques
Indicateurs d'activité	• Taux de variation du CA	• $\frac{CA_{n} - CA_{n-1}}{CA_{n-1}} \times 100$	Apprécier l'importance du taux de variation
	• Taux de variation de VA	• $\frac{VA_{n} - VA_{n-}1}{VA_{n}} \times 100$	
Profitabilité ou indicateurs de résultat	• Taux de marge bénéficiaire	• $\frac{\text{Résultat de l'exercice}}{\text{CAHT}}$	A apprécier dans le temps
	• Taux de marge brute d'exploitation	• $\frac{\text{EBE}}{\text{CAHT}} \times 100$	
	• Taux de marge commerciale	• $\frac{\text{Marge commerciale}}{\text{Ventes de marchandises}} \times 100$	
	• Et tous les SIG		
Répartition de la valeur ajoutée	• Personnel	• $\frac{\text{Charges de personnel}}{\text{VA}} \times 100$	Rémunérations des bénéficiaires de la valeur ajoutée
	• État	• $\frac{\text{Impôts et Taxes + IS}}{\text{VA}} \times 100$	
	• Associés	• $\frac{\text{Distributions}}{\text{VA}} \times 100$	
	• Prêteurs	• $\frac{\text{Charges d'intérêts}}{\text{VA}}$	
	• Entreprise	Autofinancement par différence	
Rentabilité	Voir fiche n° 5 mémo		

FICHE 6

exos

EXERCICE 06.01

Garbou

Vous reprenez le mini cas Garbou de la fiche 04.02 (page 46).
Tous les postes de l'actif circulant d'exploitation, hors exploitation ainsi que les dettes circulantes d'exploitation et hors exploitation concernent le court terme.

Travail à faire

Porter un jugement sur la structure financière de la société Garbou sur les deux années.

EXERCICE 06.02

Bourgeois

Vous reprenez le mini cas Bourgeois de la Fiche n° 3.02. Un certain nombre d'informations complémentaires vous sont fournies au titre de l'année N :

Stock moyen de matières premières : 20 000

Créances clients au bilan N : 179 400

Fournisseurs au bilan N : 32 400

La société Bourgeois a distribué en N 100 000 € de dividendes.

Travail à faire

Porter un jugement sur la profitabilité après retraitement de la Centrale des bilans de la Banque de France, et sur les ratios de rotation de la société Bourgeois pour l'année N.

CORRIGÉ 06.01

GARBOU		Année N			Année N-1		
noms des ratios	**formules**	**numérateur**	**dénominateur**	**valeur ratio N**	**numérateur**	**dénominateur**	**valeur ratio N-1**
couverture des emplois stables (1)	ressources stables/emplois stables	359 968	264 105	136,30 %	271 031	196 350	138,03 %
couverture des capitaux investis (2)	ressources stables/capitaux investis	359 968	351 638	102,37 %	271 031	264 919	102,31 %
taux d'endettement financier (3)	endettement financier/capitaux propres	54 068	178 500	30,29 %	23 018	146 370	15,73 %
(4)	fonds de roulement/actif circulant	95 863	140 046	68,45 %	74 681	130 900	57,05 %
(5)	capitaux propres/ressources stables	178 500	359 968	49,59 %	146 370	271 031	54,00 %
(6)	créances < 1 an + dispon./dettes < 1 an	147 016	50 388	291,77 %	138 040	63 359	217,87 %

▶ **Commentaires des ratios :**

Ratio (1) : > 1 donc fort satisfaisant et relativement stable ;

Ratio (2) : proche de 1, donc dans les normes ;

Ratio (3) : le ratio a doublé en un an mais il reste très en dessous du seuil de 100 %. Entreprise peu endettée (ne fait pas jouer suffisamment l'effet de levier peut-être) ;

Ratio (4) : > 50 % donc ratio satisfaisant

Ratio (5) : légère dégradation en N, l'entreprise se situe à la limite acceptable

Ratio (6) : excellente situation car > 100 %

En conclusion, la société Garbou présente une structure financière saine et équilibrée. Rien n'est à signaler.

CORRIGÉ 06.02

Noms des ratios	Formules	Numérateur	Dénominateur	Ratio N	
Répartition VA	*cf.* Fiche 6 § IV D				
Personnel		541 000	1 015 000	53,30 %	
État		103 000	1 015 000	10,15 %	
Associés		100 000	1 015 000	9,85 %	
Prêteurs		116 000	1 015 000	11,43 %	
Entreprise		Par différence		15,27 %	
Ratios de rotation	*cf.* Fiche 6 § III A				
Matières premières		20 000	370 000	19,46 jours	
Clients		179 400	2 152 800	30 jours	1 800 000 × 1,196
Fournisseurs		32 400	466 440	25 jours	(370 000 + 20 000) × 1,196
Taux de marge		136 000	1 800 000	7,55 %	
Taux de marge brute d'exploitation		437 400	1 800 000	24,30 %	

▶ Commentaires sur la répartition de la valeur ajoutée :

Le poids des charges de personnel est raisonnable et absorbe seulement 53,30 % de la valeur ajoutée.

Le poids de l'endettement est cependant important puisque les charges financières représentent 11,43 % de la VA. Si on rapporte ces charges financières au CA et à l'EBE, on constate que l'on dépasse les seuils acceptables pour le premier ratio et pas pour le second :

116 000/1 800 000 = 6,4 % du CA (devrait être < 3 %)

et 116 000/437 400 = 26,52 % de l'EBE (devrait être < 50 %, ce qui est le cas).

Les ratios de rotation sont fort satisfaisants par rapport aux habitudes commerciales françaises, notamment pour les ratios crédit clients et fournisseurs qui sont assez proches l'un de l'autre.

Un taux de marge convenable sur les marchandises et un taux de marge brute d'exploitation fort satisfaisant.

Tableau de financement du PCG

FICHE 7

Le PCG conseille d'établir un tableau de financement (ou tableau des emplois et des ressources) de l'exercice. Ce document récapitule l'ensemble des flux de financement que l'entreprise a reçus au cours de l'exercice et l'ensemble des actifs que ces ressources ont financés.

I ▶ Principe des tableaux de flux de fonds

A. Flux de fonds

Les flux de fonds sont constitués :

- d'une part, par le cumul des **flux physiques** d'une période ; ce sont des flux potentiels de trésorerie car, ensuite, ils généreront des flux réels de trésorerie ;
- d'autre part, par le cumul des **flux monétaires de financement** de la période (emprunts, apports en capital).

Les flux de fonds sont les flux de ressources et d'emplois générés par les opérations de l'entreprise.

B. Tableaux de flux de fonds

Les **tableaux de flux de fonds** renseignent sur l'origine et l'importance des flux physiques et des flux de financement générés au cours d'une période. On les appelle encore « tableaux d'emplois et de ressources » ou « tableaux de financement ».

Le bilan fonctionnel cumule les flux physiques et monétaires qui ont été échangés entre l'entreprise et les agents extérieurs depuis sa création. Ces flux sont enregistrés dès la réalisation des opérations : ce sont des flux de fonds.

Exemple

Une immobilisation est enregistrée dans les actifs de l'entreprise dès son acquisition, avant même d'être payée au fournisseur.

II ▶ Structure du tableau de financement

La première partie d'un tableau de flux de fonds reflète l'équilibre structurel du bilan fonctionnel (en valeurs brutes et avant affectation du résultat : **fiche 4**).

Fonds de roulement = ressources stables – emplois stables (immobilisés)

On déduit de cette relation que, pour une période de temps :

Δ FR	=	Δ ressources stables (RS)	–	Δ emplois stables (ES)
=		(↗ RS – ↘ RS)	–	(↗ ES – ↘ ES)
=		(↗ RS + ↘ ES)	–	(↗ ES + ↘ RS)
=		Ressources du tableau	–	Emplois du tableau

La première partie du tableau de financement est ainsi partagée en deux parties : les **ressources** et les **emplois**.

FICHE 7

III ▶ Les deux parties du tableau de financement

A. La première partie

La première partie récapitule les flux à l'origine de la variation du fonds de roulement ; ces flux affectent le **haut** du bilan.

B. La deuxième partie

La deuxième partie détaille l'affectation de cette variation du fonds de roulement en distinguant la variation du BFR et la variation de la trésorerie ; ce sont les mouvements du **bas** du bilan.

Chacune des deux parties aboutit à la même variation du fonds de roulement (mais de signe opposé), ce qui permet un contrôle.

IV ▶ Le détail de la première partie

La première partie est partagée en deux éléments : les ressources et les emplois.

A. Les ressources

Les opérations qui génèrent des recettes monétaires sont inscrites comme ressources. Elles comprennent :

- les **ressources** proprement dites (capacité d'autofinancement, produits des cessions d'immobilisations, apports en capital, emprunts) ;
- mais aussi les **diminutions d'emplois** (remboursement des prêts, diminution du fonds de roulement).

B. Emplois financés par ces ressources

Les opérations qui génèrent des dépenses monétaires figurent comme emplois. Elles comprennent :

- les **emplois** proprement dits (acquisitions d'immobilisations, augmentation du fonds de roulement, paiement de dividendes) ;
- mais aussi la **diminution des ressources** (remboursements d'emprunts, prélèvements sur le capital).

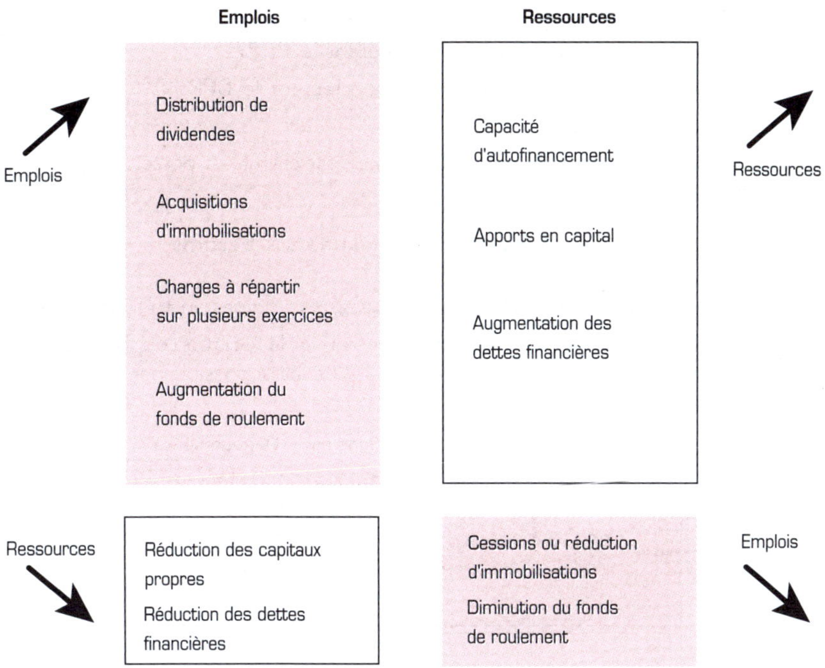

Figure 1 • Structure générale d'un tableau des emplois et des ressources

V ▶ Le détail de la deuxième partie

La deuxième partie des tableaux d'emplois et de ressources illustre la règle d'équilibre du bilan fonctionnel :

Fonds de roulement = BFR + Trésorerie

Elle présente la variation, au cours de l'exercice, de chacun des postes de l'actif circulant et des dettes non financières (ou dettes circulantes).

- Ces **variations** sont calculées par différence entre les montants **bruts** figurant aux bilans des exercices N et N-1.

LES BESOINS	LES DÉGAGEMENTS
Les variations augmentant le fonds de roulement sont : – les augmentations des postes de l'actif circulant ; – les diminutions des dettes circulantes. L'augmentation du fonds de roulement est un emploi entraînant un besoin de financement ; aussi ces variations sont-elles inscrites dans une colonne intitulée « besoins ».	Les variations diminuant le fonds de roulement sont : – les diminutions des postes de l'actif circulant ; – les augmentations des dettes circulantes. La diminution du fonds de roulement dégage des ressources ; aussi ces variations sont-elles inscrites dans une colonne intitulée « dégagements ».

- Les variations sont classées en **trois groupes** :
– variations « Exploitation » qui affectent le BFRE ;
– variations « Hors exploitation » qui affectent le BFRHE ;
– variations « Trésorerie ».

Pour chacune de ces rubriques, un solde est calculé et porté dans une troisième colonne.

Solde = dégagements – besoins

Un solde négatif signifie donc un accroissement du besoin en fonds de roulement.

- Le **total** des trois soldes permet de retrouver la variation du fonds de roulement net global. Un **contrôle arithmétique** est ainsi possible par comparaison avec la première partie du tableau.

	Besoins	Dégagements	Solde
Δ BFR exploitation	B	D	D - B
Δ BFR hors exploitation	B	D	D - B
Δ Trésorerie	B	D	D - B
Emploi net : D - B < 0 Ressource nette ; D - B > 0			Total

Figure 2 • Structure de la deuxième partie du tableau de financement

! Les amortissements, les dépréciations et les provisions n'interviennent pas dans la deuxième partie du tableau. Seuls les montants **bruts** sont pris en compte.

VI ▶ Les apports du tableau de financement du PCG

Le tableau de financement renseigne sur l'évolution de la **liquidité**, de la **solvabilité**, de la **structure financière** et des **conditions d'exploitation**.

A. La liquidité

Le tableau de financement renseigne sur les variations du besoin en fonds de roulement et sur leur financement, qui se réalise soit par le fonds de roulement, soit par la trésorerie. L'approche fonctionnelle du bilan incite à financer la variation du besoin en fonds de roulement d'exploitation par des ressources stables.

La **variation de la trésorerie** résulte de l'importance des deux grandeurs, variation du fonds de roulement et variation du besoin en fonds de roulement.

Variation du FRNG – Variation du BFR = Variation de la trésorerie

Il en résulte un **risque d'illiquidité** si la variation du FRNG est inférieure à la variation du BFR.

B. Solvabilité

L'entreprise est solvable lorsqu'elle peut payer toutes ses dettes dans la perspective d'une liquidation de l'ensemble de l'entreprise. La mesure de la solvabilité peut être réalisée à partir du ratio suivant :

$$\textbf{Capacité d'endettement} = \frac{\textit{Dettes financières}}{\textit{CAF}} < \mathbf{3}$$ (**voir fiche 6**).

C. Structure financière

La **première partie** du tableau de financement renseigne sur la politique d'investissement et de financement de l'entreprise.

- La **politique d'investissement** est appréciée par l'importance des investissements réalisés au cours de la période. Le ratio suivant permet de voir si l'entreprise peut assurer le renouvellement de ses moyens de production.

$$\text{Taux d'investissement} = \frac{\textit{Investissements d'exploitation}}{\textit{Dotations aux amortissements}} > 1$$

- La **politique de financement** consiste à mesurer l'importance de la CAF et le recours à d'autres sources de financement (augmentation de capital, cessions, recours à l'endettement...).

$$\text{Taux d'endettement} = \frac{\textit{Endettement financier}}{\textit{Capitaux propres appelés}} \leqslant 1$$

FICHE 7

D. Conditions d'exploitation

La **deuxième partie** du tableau de financement renseigne sur le *développement du BFRE*. En toute logique, le BFRE doit augmenter dans la même proportion que le chiffre d'affaires.

On doit avoir : $\frac{\Delta BFRE/BFRE}{\Delta CA/CA} \leqslant 1.$

Conseils

- **Se souvenir que les dividendes (1re partie du tableau) sont ceux provenant des bénéfices de l'exercice précédent.**
- **Prendre conscience que les augmentations de capital par incorporation de réserves ainsi que les amortissements, dépréciations et provisions, n'ont pas d'incidence sur les flux ; ils n'interviennent donc pas dans le tableau de financement.**
- **Ne pas compenser les recettes et les dépenses dans la première partie du tableau. En particulier, ne pas compenser les nouveaux emprunts et les remboursements.**
- **Faire attention au signe des soldes dans la 2e partie du tableau de financement. Le signe est + quand dégagement > besoin et inversement.**
- **Contrôler l'égalité du solde de chacune des parties.**

MÉMO

1re partie

Bilan d'ouverture		Tableau de financement – Partie I		Bilan de clôture	
Emplois stables (ES)	Ressources stables (RS)	Les Emplois	Les Ressources	Emplois stables (ES)	Ressources stables (RS)
Haut du bilan		• Dividendes • Acquisitions actif immobilisé • Charges à répartir • Réduction capitaux propres • Remboursement dettes financières	• CAF • Cessions ou réductions de l'actif immobilisé • Augmentation capitaux propres • Augmentation dettes financières	Bas du bilan	
RS – ES = FRNG ouverture		Δ FRNG ⟶		RS – ES = FRNG clôture	

FICHE 7

2e partie

Bilan d'ouverture		Tableau de financement Partie II		Bilan de clôture	
Stocks Créances d'exploitation	Dettes d'exploitation	Δ Stocks Δ Créances d'exploitation	Δ Dettes d'exploitation	Stocks Créances d'exploitation	Dettes d'exploitation
$ACE - DE = BFRE_{ouverture}$		⟶ Δ BFRE ⟶		$ACE - DE = BFRE_{clôture}$	

Bilan d'ouverture		Tableau de financement Partie II		Bilan de clôture	
Créances hors exploitation	Dettes hors exploitation	Δ Créances hors exploitation	Δ Dettes hors exploitation	Créances hors exploitation	Dettes hors exploitation
$ACE - DE = BFRHE_{ouverture}$		⟶ Δ BFRHE ⟶		$ACE - DE = BFRHE_{clôture}$	

Bilan d'ouverture		Tableau de financement Partie II		Bilan de clôture	
Trésorerie actif	Trésorerie passif	Δ Trésorerie actif	ΔTrésorerie passif	Trésorerie actif	Trésorerie passif
$TA - TP = T_{ouverture}$		⟶ Δ T ⟶		$TA - TP = T_{clôture}$	

EXERCICE 07.01

Le bilan et le compte de résultat de la société Delaunay pour les deux derniers exercices comptables N-1 et N vous sont communiqués ci-dessous (annexes 1 à 3).

Vous disposez par ailleurs pour l'exercice N :

- du tableau des immobilisations (annexe 4) ;
- du tableau des amortissements (annexe 5) ;
- du tableau des dépréciations (annexe 6) ;
- du tableau des provisions (annexe 7) ;
- du tableau de répartition des bénéfices (annexe 8) ;
- de renseignements complémentaires (annexe 9).

Tous les montants sont donnés en milliers d'euros.

exos

Travail à faire

1. Présenter le tableau de financement du PCG pour l'année N.

2. Interpréter le tableau obtenu.

Annexe 1 – Bilan de la société Delaunay au 31/12/N-1

	Exercice N-1				Exercice N-1
ACTIF	**Brut**	**Am. et dépr.**	**Net**	**PASSIF**	
Actif immobilisé				**Capitaux propres**	
				Capital social	60 000
Immobilisations incorporelles	664	524	140	Réserves	36 912
Immobilisations corporelles	256 852	141 668	115 184	**Résultat de l'exercice**	2 442
Immobilisations financières	7 382	448	6 934	**Total I**	99 354
Total I	264 898	142 640	122 258	**Provisions**	5 788
Actif circulant				**Total II**	5 788
Stocks et en-cours	59 454	716	58 738	**Dettes**	
Créances d'exploitation	87 868	10 542	77 326	Dettes financières [1]	108 054
Créances diverses ..	4 596		4 596	Dettes d'exploitation	44 672
Disponibilités	18 252		18 252	Dettes diverses [2] ..	5 538
Charges constatées d'avance	7 400		7 400	Produits constatés d'avance	25 164
Total II	177 570	11 258	166 312	**Total III**	183 428
Total général (I+II)	442 468	153 898	288 570	**Total général (I+II+III)**	288 570

[1] dont concours bancaires et soldes créditeurs de banques ... 40 000

[2] dont fournisseurs d'immobilisations 0

Annexe 2 – Bilan de la société Delaunay pour l'exercice N

	Exercice N-1				Exercice N-1
ACTIF	**Brut**	**Am. et dépr.**	**Net**	**PASSIF**	
Actif immobilisé				**Capitaux propres**	
				Capital social	60 000
				Réserves	38 354
Immobilisations incorporelles	500	340	160		
Immobilisations corporelles	293 048	166 104	126 944	**Résultat de l'exercice**	3 746
Immobilisations financières	9 378	648	8 730	**Total I**	102 100
Total I	302 926	167 092	135 834	**Provisions**	10 436
Actif circulant				**Total II**	10 436
Stocks et en-cours	84 478	1 028	83 450	**Dettes**	
Créances d'exploitation	119 468	10 706	108 762	Dettes financières [2]	158 254
Créances diverses [1]	7 534		7 534	Dettes d'exploitation	53 282
Disponibilités	12 030		12 030	Dettes diverses [3]	7 404
Charges constatées d'avance	8 600		8 600	Produits constatés d'avance	24 734
Total II	232 110	11 734	220 376	**Total III**	243 674
Total général (I+II)	535 036	178 826	356 210	**Total général (I+II+III)**	356 210

[1] dont sur créances sur immobilisations 2 000

[2] dont concours bancaires et soldes créditeurs de banques 76 000

[3] dont fournisseurs d'immobilisations .. 2 000

Annexe 3 – Compte de résultat de la société Delaunay pour l'exercice N

Charges	**Total**
Charges d'exploitation	
Achats	311 328
Variation des stocks	(8 860)
Services extérieurs	55 557
Impôts, taxes et versements assimilés	9 787
Charges de personnel	97 396
Dotations aux amortissements, dépréciations et provisions	28 264
Total I	493 472
Charges financières Total II	10 608

Charges	Total
Charges exceptionnelles	
Sur opérations de gestion	11 114
Sur opérations en capital	
Valeurs comptables des éléments d'actif cédés	814
Dotations aux amortissements, dépréciations et provisions	6 788
Total III	18 716
Impôts sur les bénéfices (IV)	3 310
Solde créditeur = bénéfice	3 746
Total général (I+II+III+IV)	529 852
Produits	**Total**
Produits d'exploitation	
Ventes	509 232
Production stockée	16 164
Reprise sur dépréciations et provisions	112
Total I	525 508
Produits financiers Total II	210
Produits exceptionnels	
Sur opérations de gestion	434
Sur opérations en capital	
Produits des cessions d'éléments d'actif	1 300
Reprises sur dépréciations et provisions	2 400
Total III	4 134
Total des produits (I+II+III)	529 852

Annexe 4 – Tableau des amortissements de l'exercice N

Rubriques	Amortissements au début de l'exercice	Augmentation	Diminution	Amortissements à la fin de l'exercice
Immobilisations incorporelles	524	180	364	340
Immobilisations corporelles	141 668	27 036	2 600	166 104
	142 192	27 216	2 964	166 444

Annexe 5 – Tableau des immobilisations pour l'exercice N

Rubriques	Valeur brute à l'ouverture de l'exercice	Augmentation	Diminution	Valeur brute à la clôture de l'exercice
Immobilisations incorporelles	664	200	364	500
Immobilisations corporelles	256 852	39 610	3 414	293 048
Immobilisations financières	7 382	1 996		9 378
	264 898	41 806	3 778	302 926

Annexe 6 – Tableau des dépréciations de l'exercice N

Rubriques	Montant au début de l'exercice	Augmentations	Diminutions	Montant à la fin de l'exercice
Sur immobilisations financières	448	200	0	648
Sur stocks et en-cours	716	424	112	1 028
Sur créances d'exploitation	10 542	164	0	10 706
	11 706	788	112	12 382

Annexe 7 – Tableau des provisions de l'exercice N

Rubriques	Montant au début de l'exercice	Augmentations	Diminutions	Montant à la fin de l'exercice
Provisions	5 788	7 048	2 400	10 436

Annexe 8 – Tableau de répartition des bénéfices de l'exercice N-1

Origine :

1 – Résultat de l'exercice 2 442

Affectations :

1 – Dividendes 1 000

2 – Réserves 1 442

2 442

Annexe 9 – Renseignements complémentaires

La variation du poste « Dettes financières » est due à une modification du montant des concours bancaires courants, à l'émission d'un nouvel emprunt et au remboursement d'un emprunt antérieur. Ce remboursement s'est élevé à 576 k€.

Les charges et les produits constatés d'avance concernent l'exploitation. Les créances diverses hors celles sur créances d'immobilisations concernent l'exploitation. Les dettes diverses hors celles sur fournisseurs d'immobilisations concernent l'impôt sur les bénéfices.

CORRIGÉ 07.01

1. Tableau de financement du PCG

Calcul de la CAF

Résultat de l'exercice	3 746
+ Dotations aux amortissements, dépréciations et provisions (28 264 + 6 788)	35 052
– Reprises sur dépréciations et provisions (112 + 2 400)	– 2 512
+ Valeur comptable des éléments d'actif cédés	814
– Produits de cessions d'éléments d'actifs	– 1 300
CAF	**35 800**

Première partie du tableau

Emplois		Ressources	
Distribution mises en paiement au cours de l'exercice	1 000	Capacité d'autofinancement de l'exercice	35 800
Acquisitions d'éléments de l'actif immobilisé [1]	41 806	Cessions d'éléments de l'actif immobilisé [3]	1 300
Charges à répartir sur plusieurs exercices		Augmentation des capitaux propres	
Réduction des capitaux propres		Augmentation des dettes financières [4]	14 776
Remboursement des dettes financières [2]	576		
Total des emplois	43 382	**Total des ressources**	51 876
Variation du fonds de roulement net global (ressource nette)	8 494		

[1] D'après le tableau des immobilisations.

[2] D'après l'annexe 9.

[3] D'après le compte de résultat (produits des cessions d'éléments d'actif).

[4] Variation des dettes financières (158 254 - 108 054)	50 200
Variation des concours bancaires (76 000 - 40 000)	- 36 000
+ Remboursements d'emprunts	+ 576
Nouveaux emprunts	14 776

Deuxième partie du tableau

	Besoins ❶	Dégagement ❷	Solde ❷-❶
Variations Exploitation			
Variations des actifs d'exploitation :			
Stocks et en-cours [1]	25 024		
Créances d'exploitation [2]	34 738		
Variations des dettes d'exploitation [3]		8 180	
Totaux	59 762	8 180	
A - Variation nette Exploitation			- 51 582
Variations Hors exploitation :			
Variations des autres débiteurs [4]	1 000		
Variations des autres créditeurs [5]		1 866	
Totaux	1 000	1 866	
B - Variation nette Hors exploitation			866
Besoins de l'exercice en fonds de roulement **(Total A+B)**			- 50 716
Variations Trésorerie			
Variations des disponibilités [6]		6 222	
Variations des concours bancaires courants et des soldes créditeurs de banques [7]		36 000	
Totaux	0	42 222	
C - Variation nette Trésorerie			42 222
Variation du fonds de roulement net global (Total A+B+C)	Emploi net		- 8 494

[1] Stocks et en-cours : 84 478 - 59 454 =	+ 25 024	(besoin)
[2] Créances d'exploitation : 119 468 - 87 868 =	+ 31 600	
Autres créances d'exploitation : 6 534 - 4 596 =	+ 1 938	
Charges constatés d'avance : 8 600 - 7 400 =	+ 1 200	
	+ 34 738	(besoin)
[3] Dettes d'exploitation : - 53 282 + 44 672 =	- 8 610	
Produits constatés d'avance : - 24 734 + 25 164 =	+ 430	
	- 8 180	(dégagement)
[4] Créances sur immo : 1 000 - 0 =	+ 1 000	(besoin)
[5] Dettes diverses : - 7 404 + 5 538 =	- 1 866	(dégagement)
[6] Disponibilités : 12 030 - 18 252 =	- 6 222	(dégagement)
[7] Concours bancaires : - 76 000 + 40 000 =	- 36 000	(dégagement)

exos

e
x
o
s

2. Interprétation du tableau de financement du PCG

L'entreprise Delaunay a mis en place une politique d'investissement qui a été financée par la CAF (35 800) et de nouveaux emprunts (41 806). Il en résulte une augmentation du fonds de roulement net global de 8 494, ce qui est plutôt positif pour cette entreprise. Cependant, la deuxième partie du tableau révèle une augmentation du besoin en fonds de roulement d'exploitation de 51 582 € dont l'origine réside tant dans une augmentation des stocks que des créances d'exploitation. En conséquence, l'entreprise a dû procéder à une augmentation des concours bancaires courants de 36 000 € pour assurer le besoin de financement.

Tableau de flux de trésorerie : modèle OEC

Le tableau de flux de trésorerie classe les flux de trésorerie par opérations et son analyse permet d'appréhender le risque de défaillance. L'analyse financière procède à un classement des flux de trésorerie selon qu'ils concernent ou non l'activité d'exploitation.
Plusieurs modèles de tableaux de flux de trésorerie (Fiches 8 et 9) existent. Ils reposent sur des règles communes qui seront développées ci-dessous. Les différences relèvent de nuances d'appréciation de certains postes, d'importance mineure.

FICHE 8

I ▶ Concept de tableau de flux de trésorerie

A. Définition des tableaux de flux de trésorerie

Les tableaux de flux de trésorerie sont organisés pour analyser les composantes de la variation de trésorerie constatée pendant l'exercice comptable. Ils relèvent donc d'une approche dynamique.

La variation de trésorerie totale est vérifiée sur les bilans d'ouverture et de clôture.

Variation de trésorerie = Trésorerie à la clôture
– Trésorerie à l'ouverture

B. Structure des tableaux de flux de trésorerie

Tous les tableaux de flux de trésorerie privilégient la notion de **flux de trésorerie d'exploitation** ou, plus largement, de **flux de trésorerie générés par l'activité** de l'entreprise. Ils les distinguent des **flux d'investissement et de financement**. Les tableaux de flux de trésorerie classent donc les flux en trois fonctions : **activité, investissement et financement**.

La **variation de trésorerie totale** est la somme algébrique des variations générées par les trois catégories d'opérations.

Variation de trésorerie = Variation générée par l'activité (ou l'exploitation)
+ Variation générée par l'investissement
+ Variation générée par le financement

FICHE 8

C. Schéma simplifié d'un tableau de flux de trésorerie

ACTIVITÉ
Produits d'exploitation
- Charges d'exploitation
- Variation du BFRE
= *Flux de trésorerie d'exploitation*
+ Produits hors exploitation
- Charges hors exploitation
- Variation du BFR hors exploitation (sauf dettes et créances sur immobilisations)
= (A) Flux de trésorerie généré par l'activité
INVESTISSEMENT
- Acquisitions d'immobilisations
+ Cessions des immobilisations (prix de cession)
+ Variation des dettes moins créances sur immobilisations
= (B) Flux de trésorerie généré par l'investissement
FINANCEMENT
Augmentations de capital en numéraire, appelées et versées
+ Nouveaux emprunts (hors primes de remboursement)
- Remboursements d'emprunts
= (C) Flux de trésorerie généré par le financement
TRÉSORERIE
Trésorerie à la clôture
-Trésorerie à l'ouverture
= Variation de la trésorerie = A + B + C

II ▶ Normalisation et contenu des tableaux de flux de trésorerie

A. Normalisation

La norme américaine FAS 95 a été à l'origine des tableaux de flux de trésorerie. Son principe du classement des flux en trois fonctions (activité, investissement et financement) a été largement adopté dans le monde entier. Il a notamment inspiré la norme internationale IAS 7 – *Tableaux des flux de trésorerie*.

En France, l'**Ordre des experts-comptables** (OEC **Fiche 8**) et la **Centrale des bilans de la Banque de France** (CDB **Fiche 9**) ont publié, chacun de leur côté, un modèle de tableau de flux de trésorerie reprenant les grandes lignes des normes FAS 95 et IAS 7.

> Tableau de flux de l'Ordre des experts-comptables :
>
> L'avis no 30 de l'OEC du 8 décembre 1997 préconise d'établir un « **tableau de financement, dit tableau de flux de trésorerie visant à expliquer la variation de trésorerie** ». Ce tableau s'applique à toutes les entreprises publiant des comptes annuels ou consolidés.

B. Contenu du tableau de flux de trésorerie de l'OEC

1. Méthodes de calcul des flux liés à l'activité

Les flux de trésorerie liés à l'activité comprennent l'ensemble des flux non liés à l'investissement ou au financement. Ils correspondent aux flux de trésorerie d'exploitation (charges et produits d'exploitation monétaires), aux flux de trésorerie rattachables à l'activité (charges et produits financiers et exceptionnels, participation et impôt sur les bénéfices).

La méthode de calcul des flux liés à l'activité est mise en œuvre au niveau de l'exploitation **ou** au niveau de l'ensemble de l'activité.

Niveau exploitation	Niveau activité
Point de départ : **résultat d'exploitation**	*Point de départ* : **résultat net**
Réintégration des charges d'exploitation calculées et déduction des produits d'exploitation calculés.	Réintégration des charges calculées et déduction des produits calculés. Réintégration des moins-values de cessions et déduction des plus-values.
Point intermédiaire : **EBE**	*Point intermédiaire* : **CAF**
Imputation globale du BFRE	Imputation globale du BFR (hors éléments liés à l'investissement et au financement)
Point d'arrivée **: variation de trésorerie d'exploitation**	***Point d'arrivée*** **: variation de trésorerie liée à l'activité**

Elle est proposée par l'**OEC** sous deux formes : à partir du résultat net (**modèle 1**) ou à partir du résultat d'exploitation (**modèle 2**).

2. Flux d'investissements et flux de financement

Les **flux liés à l'investissement** regroupent les flux liés à l'acquisition ou à la cession d'éléments d'actifs immobilisés (immobilisations incorporelles, corporelles ou financières). Les opérations sont traduites en encaissements et décaissements en tenant compte des décalages de trésorerie (variations des dettes et des créances sur immobilisations).

Les **flux liés au financement** concernent les encaissements et décaissements affectant les ressources externes de l'entreprise (flux lié au capital, variation des emprunts, variation de la trésorerie passif).

3. Définitions de la trésorerie

- **Valeurs mobilières de placement.** Les VMP constituées de titres (SICAV et FCP monétaires, obligations acquises à moins de trois mois de leur échéance) réalisables sans délai et sans risque, appartiennent à la **trésorerie de l'actif**. Cependant les obligations acquises à plus de trois mois de leur échéance et les actions sont inscrites dans les **flux de financement**.
- **Comptes à vue, comptes de caisse et comptes à terme faisant l'objet de restrictions.** Ils sont exclus de la trésorerie et inscrits dans les flux de financement.
- **Trésorerie du passif.** Les découverts momentanés (échéance inférieure à 3 mois) sont un élément négatif de la **trésorerie**. Les éléments stables (supérieurs à 3 mois) figurent dans les **flux de financement**.

! L'OEC ne retraite pas les effets escomptés non échus.

III ▸ Le détail du tableau de flux de trésorerie de l'OEC

Postes du tableau	Position de l'OEC
Méthode de calcul des flux liés à l'activité	Méthode indirecte à partir du résultat net (**modèle 1**). **ou** Méthode indirecte à partir du résultat d'exploitation (**modèle 2**).
Présentation des flux liés à l'activité	Un seul niveau (**modèle 1**) : – flux net de trésorerie généré par l'activité ou *deux niveaux* (***modèle 2***) : – flux net de trésorerie d'exploitation, – flux net de trésorerie généré par l'activité.
Production immobilisée	Incluse dans les recettes d'exploitation et les dépenses d'investissement.
Frais d'établissement	Inclus dans les dépenses d'investissement.
Charges à répartir	Incluses dans les dépenses.
Subventions d'investissement reçues	Recettes de financement.
Location-financement (conclusion du contrat)	**Exclue** du tableau.
Location-financement (redevances payées)	Non retraitées : ***flux d'exploitation***. ***Option*** : retraitement pour les seuls comptes consolidés.
Charges d'intérêts	Dépenses liées à l'activité. ***Option*** : dépenses de financement (ou imputation sur la trésorerie).
Produits des investissements financiers	Recettes liées à l'activité. ***Option*** : recettes générées par l'investissement.
Impôts sur les bénéfices	Dépenses liées à l'activité. ***Option*** réservée aux impôts sur plus-values : atténuation des recettes générées par l'investissement.
Dividendes distribués	Dépenses de financement.
Dépréciations de l'actif circulant	Dotations et reprises inscrites dans les flux d'exploitation. Variation du BFR et des VMP déterminée d'après les valeurs nettes des actifs circulants.
Valeurs mobilières de placement	Éléments de la trésorerie (SICAV et FCP monétaires, obligations acquises à moins de trois mois d'échéance) **ou** flux de financement (obligations acquises à plus de trois mois d'échéance, actions).
Comptes de caisse, etc. faisant l'objet de restrictions	Flux de financement.
Soldes créditeurs de banques, concours bancaires courants, etc.	Éléments de la trésorerie (découverts momentanés) **ou** flux de financement (découverts autorisés, autres concours bancaires).
Effets escomptés et créances cédées non échus	**Non retraités** : exclus du tableau.
Intérêts courus	Rattachés à la variation du BFR lié à l'activité.

IV ▸ Apport du tableau de flux de trésorerie de l'OEC

Le diagnostic réalisé à partir des tableaux de flux de trésorerie met en évidence :

- la **politique d'investissement** réalisée par l'entreprise (importance du flux de trésorerie lié aux opérations d'investissement) ainsi que la **politique de financement** (détail du flux de trésorerie lié aux opérations de financement) ;
- la capacité de l'entreprise à générer de la **trésorerie d'exploitation** (flux net de trésorerie d'exploitation) ;
- la **dépendance financière** de l'entreprise.

  Celle-ci peut être mesurée ainsi :

Besoin de financement externe = Flux net de trésorerie lié aux opérations d'investissement
– Flux net de trésorerie généré par l'activité

Plus cette différence est importante, plus l'entreprise devra financer ses investissements par des ressources externes.

- le **risque de défaillance** de l'entreprise qui peut être mesuré ainsi :

Résultat brut d'exploitation – Charges financières

Conseils

- **Prendre garde que les charges et les produits financiers et la charge d'impôt sur les bénéfices figurent dans les flux de trésorerie liés à l'activité.**
- **L'activité comprend tout ce qui ne se rapporte, ni à l'investissement, ni au financement.**
- **Calculer la variation du BFRE sur la base des montants nets des stocks et des créances d'exploitation.**

MÉMO

Variation de la trésorerie d'exploitation =
Produits d'exploitation encaissés – Charges d'exploitation décaissées

Tableau des flux de trésorerie

- A. Flux liés à l'activité
- B. Flux liés à l'investissement
- C. Flux liés au financement

Contrôle : Trésorerie finale – trésorerie initiale = A + B + C

exos

EXERCICE 08.01

Vous reprenez les informations de la société Delaunay communiquées dans la Fiche 7, exercice 07.01.

Travail à faire

1. **Présenter le tableau de flux de trésorerie de l'OEC pour l'année N en prenant comme point de départ :**
- **le résultat d'exploitation ;**
- **le résultat net.**

2. **Interpréter le tableau obtenu.**

CORRIGÉ 08.01

1. Tableau de flux de trésorerie de l'OEC

– à partir du résultat d'exploitation :

Tableau des flux de trésorerie (modèle de l'OEC) Entreprise Delaunay

FLUX DE TRÉSORERIE LIÉS A L'ACTIVITÉ	
Résultat d'exploitation [1]	32 036
+ Charges d'exploitation calculées [2]	+ 27 676
- Produits d'exploitation calculés [3]	0
Résultat brut d'exploitation	**59 712**
- Variation du BFRE OEC [4]	- 51 240
Flux net de trésorerie d'exploitation	**8 472**
- Charges financières	- 10 608
+ Produits financiers	+ 210
- Impôt sur les sociétés hors impôt sur les plus-values de cessions [5]	- 3 148
+ Produits exceptionnels liés à l'activité [6]	+ 434
- Charges exceptionnelles liées à l'activité [6]	- 11 114
Autres [7]	
Flux net de trésorerie généré par l'activité (A)	**- 15 754**
FLUX DE TRESORERIE LIES AUX OPERATIONS D'INVESTISSEMENT	
- Acquisitions d'immobilisations [8]	- 39 806
+ Cessions d'immobilisations nettes d'impôt [9]	+ 138

Flux net de trésorerie lié aux opérations d'investissement (B)	**– 38 668**
– Dividendes versés aux actionnaires .... + Augmentation de capital en numéraire .... + Émissions d'emprunts .... – Remboursements d'emprunts .... + Subventions d'investissement reçues	– 1 000 + 0 + 14 776 – 576
Flux net de trésorerie lié aux opérations de financement (C)	**+ 13 200**
Variation de trésorerie (A + B + C)	**– 42 222**
Trésorerie d'ouverture (E)	– 21 748
Trésorerie de clôture (A + B + C + E)	– 63 970

1 Résultat d'exploitation

Total des produits d'exploitation	525 508
– Total des charges d'exploitation	– 493 472
	32 036

2 Charges d'exploitation calculées :

Dotations aux amortissements, dépréciations et provisions d'exploitation	28 264
moins Dotations aux provisions sur stocks	– 424
moins Dotations aux provisions sur créances	– 164
Charges d'exploitation calculées (OEC)	**27 676**

3 Produits d'exploitation calculés :

Reprises sur provisions (exploitation)	112
moins Reprises sur provisions pour stocks	– 112
Produits d'exploitation calculés (OEC)	**0**

4

Postes	N-1	N
Stocks nets	58 738	83 450
Créances clients nettes	77 326	108 762
Charges constatées d'avance	7 400	8 600
Créances diverses	4 596	6 534
Dettes fournisseurs (au bilan)	– 44 672	– 53 282
Dettes diverses	– 5 538	– 5 404
Produits constatés d'avance	– 25 164	– 24 734
Total	72 686	123 926
Variation = 51 240		

5 La société Delaunay a choisi l'option permettant d'imputer l'impôt sur les plus-values aux flux liés à l'investissement.

Produits de cessions	1 300
– Valeur comptable des éléments d'actifs cédés	– 814
Plus-values de cession	486
– Impôts sur les plus-values (33 1/3 % × 486)	–162
Impôt sur les sociétés	3 310
– Impôt sur les sociétés, hors impôt sur les plus-values	3 148

exos

[6] Produits et charges exceptionnelles de gestion

[7] aucun poste concerné

[8] Acquisition d'immobilisations : d'après le tableau des immobilisations

Acquisition d'immobilisations corporelles	41 806
– Variation des dettes sur immobilisations (2 000 – 0)	- 2 000
Total des décaissements pour acquisitions d'immobilisations	39 806

[9] Encaissements sur cessions d'immobilisations

Encaissements sur cessions d'immobilisations	1 300
– Impôts sur les plus-values (33 1/3 % × 486)	- 162
Cessions d'immobilisations, nettes d'impôts	1 138

[10] Trésorerie

	N-1	N
Disponibilités	18 252	12 030
moins Concours bancaires courants	– 40 000	– 76 000
Trésorerie	– 21 748	– 63 970

– à partir du résultat net :

	Exercice N
FLUX DE TRÉSORERIE LIÉS À L'ACTIVITÉ	
Résultat net comptable	3 746
Réintégration des charges et élimination des produits sans incidence sur la trésorerie ou non liés à l'activité	
+ Amortissements, dépréciations et provisions (dotations nettes des reprises) [1]	+ 32 064
– Plus values de cessions, nettes d'impôt [2]	- 324
– Quote-part de subventions d'investissement virée au résultat	-
Marge brute d'autofinancement	
– Variation du BFR lié à l'activité [3]	- 51 240
Flux net de trésorerie généré par l'activité (A)	**- 15 754**

[1] Dotations aux amortissements sur immobilisations	27 216
Plus Dotations aux dépréciations sur immo. financ	+ 200
Plus Dotations provisions	+ 7 048
Moins reprise sur provisions	- 2 400
Total	32 064
[2] Plus-values de cession	486
– Impôts sur les plus-values (33 1/3 % × 486)	- 162
Plus-values de cession nettes d'IS	324

[3] voir point [4] *infra*

La suite du tableau de flux de trésorerie est inchangée.

2. Interprétation du tableau

Le flux de trésorerie généré par l'activité est fortement négatif ce qui laisse présager des difficultés. Comme l'entreprise a mis en place une politique d'investissement, elle ne trouve pas dans son activité suffisamment de ressources pour le financer. En conséquence, l'emprunt émis est insuffisant et l'entreprise a vu sa situation de trésorerie se dégrader sérieusement au cours de l'exercice N.

On constate que le tableau de flux de trésorerie a permis de mettre en évidence les problèmes de trésorerie et notamment leur localisation première dans l'activité.

Tableau de flux de trésorerie : modèle CDB

FICHE 9

Le tableau de flux de trésorerie classe les flux de trésorerie par opérations et son analyse permet d'appréhender le risque de défaillance. L'analyse financière procède à un classement des flux de trésorerie selon qu'ils concernent ou non l'activité d'exploitation. Plusieurs modèles de tableaux de flux de trésorerie (Fiches 8 et 9) existent. Ils reposent sur des règles communes qui ont été développées dans la Fiche 8. Les différences relèvent de nuances d'appréciation de certains postes, d'importance mineure.

I ▶ Concept de tableau de flux de trésorerie

Se reporter à la **Fiche 8 (I)**.

II ▶ Normalisation

Se reporter à la **Fiche 8 (II)**.

La Centrale des bilans de la Banque de France (CDB) propose un modèle de tableau de flux de trésorerie dans l'édition 2000 du ***dossier individuel d'entreprise***.

III ▶ Contenu du tableau de flux de trésorerie de la CDB

A. Présentation d'ensemble

Le tableau retrace l'impact financier de toutes les décisions prises et explique le passage entre deux bilans successifs. Il est par ailleurs pluriannuel et permet ainsi de mettre en évidence les comportements financiers et les stratégies engagées.

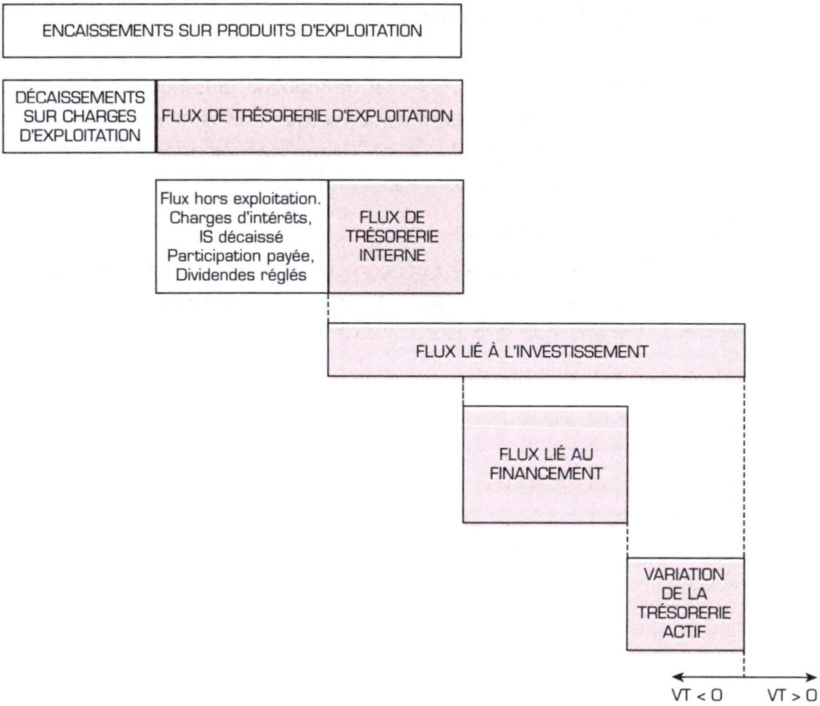

Schéma du tableau du flux de trésorerie

B. Les étapes

Les flux sont classés en trois catégories (**activité, investissement et financement**) comme dans tous les tableaux de flux de trésorerie.

Seules des particularités propres à la CDB font l'objet de retraitements ou de reclassements.

► **Le flux de trésorerie interne**

Le **flux de trésorerie interne** correspond à l'ensemble des encaissements et décaissements résultant, pour l'entreprise, de l'exercice de son activité. Il se décompose en :

- flux de trésorerie d'exploitation ;
- flux de trésorerie lié aux opérations hors exploitation ;
- opérations de répartition des revenus (charges d'intérêts, impôt sur les bénéfices décaissé, participation décaissée et distribution mise en paiement).

Le flux de trésorerie interne comprend toutes les opérations qui ne figurent ni dans la fonction investissement, ni dans la fonction financement.

FICHE 9

▶ Les flux liés à l'investissement

Les **flux liés à l'investissement** regroupent les flux liés à l'acquisition ou à la cession d'éléments d'actifs immobilisés (immobilisations incorporelles, corporelles ou financières). Les opérations sont traduites en encaissements et décaissements en tenant compte des décalages de trésorerie (variations des dettes et des créances sur immobilisations).

▶ Les flux liés au financement

Les **flux liés au financement** concernent les encaissements et décaissements affectant les ressources externes de l'entreprise (flux lié au capital, variation des emprunts, variation de la trésorerie passif).

▶ Variation de la trésorerie actif

Le flux concerné par la variation de la trésorerie actif porte sur les disponibilités, les valeurs mobilières de placement ainsi que les avances de trésorerie aux sociétés du groupe et aux associés.

En toute logique, cette variation obtenue à partir des variations des postes précédents entre deux exercices fait l'objet d'une vérification selon la démarche suivante :

Flux de trésorerie interne – Flux lié à l'investissement + Flux lié au financement
= Variation de la trésorerie actif

La variation de la trésorerie actif est ainsi la synthèse de toutes les opérations et de tous les choix de gestion effectués d'un exercice à l'autre. Elle est la résultante de toute la vie économique et financière de l'entreprise.

IV ▶ Le détail du tableau

Postes du tableau	Position de la CDB
Méthode de calcul des flux liés à l'activité	Méthode directe.
Présentation des flux liés à l'activité	*Deux niveaux* : – flux de trésorerie d'exploitation, – flux de trésorerie interne.
Production immobilisée	**Exclue** du tableau.
Frais d'établissement	Inclus dans les dépenses d'investissement.
Charges à répartir	Incluses dans les dépenses liées à l'activité.
Subventions d'investissement reçues	Recettes d'investissement.
Location-financement (conclusion du contrat)	Valeur du bien inscrite en dépense d'investissement et recette de financement.
Location-financement (redevances payées)	Retraitées : éclatées entre flux d'intérêts et flux de financement (amortissement).
Charges d'intérêts	Dépenses liées à l'activité.

Postes du tableau	Position de la CDB
Produits des investissements financiers	Recettes liées à l'activité.
Impôts sur les bénéfices	Dépenses liées à l'activité.
Dividendes distribués	Dépenses liées à l'activité.
Dépréciations de l'actif circulant	**Exclues** du tableau (comme toutes les autres dépréciations).
Valeurs mobilières de placement	Éléments de la trésorerie.
Comptes de caisse, etc. faisant l'objet de restrictions	Non mentionnés.
Soldes créditeurs de banques, concours bancaires courants, etc.	Flux de financement.
Effets escomptés et créances cédées non échus	**Retraités** : inscrits dans les flux de financement et les flux d'exploitation.
Intérêts courus	– début d'exercice : rattachés aux remboursements d'emprunts, – fin d'exercice : rattachés aux nouveaux emprunts, – relatifs aux concours bancaires courants.

V ▶ Apports du tableau

L'apport spécifique de la CDB repose sur la notion de **flux de trésorerie interne** (FTI).

Flux	Appréciation	Ratios d'analyse
ACTIVITÉ • Flux de trésorerie d'exploitation • Flux lié aux opérations hors exploitation • Autres flux (intérêts, impôts, participation, dividendes)		
⇒ Flux de trésorerie interne (FTI)	• *Concept central.* Informe sur le degré de maîtrise des mouvements de trésorerie et sur la cohérence des politiques suivies. Doit être rapproché des investissements et des moyens de financement. • Indicateur prédictif du risque de défaillance. *Observation sur plusieurs années.* Si FTI < 0 sur plusieurs exercices, risque de défaillance.	• Couverture interne des investissements = $\frac{FTI}{Investissement}$ (%) *Moyenne sur quatre exercices* • Délai apparent de remboursement = $\frac{emprunts}{FTI} \times 12$ (mois) *Indicateur de solvabilité*

FICHE 9

Flux	Appréciation	Ratios d'analyse
INVESTISSEMENT **⇒ Flux lié à l'investissement**	• Investissement de *renouvellement*. • Investissement de *croissance*.	• Doit être financé par le ***FTI***. • Peut être financé par le *recours à l'endettement*.
FINANCEMENT	• Renseigne sur le *mode de couverture* du besoin résiduel de financement.	• Être attentif à un FTI < 0 sur plusieurs exercices qui entraîne un besoin de financement récurrent.

FICHE 9

Conseils

- **Bien distinguer les trois natures de flux.**
- **Ne pas oublier de raisonner en termes de flux encaissés ou décaissés et en conséquence de transformer les flux de fonds en flux de trésorerie.**
- **Bien noter que la trésorerie passif constitue un flux de financement.**

MÉMO

Flux de trésorerie interne – Flux lié à l'investissement + Flux lié au financement = Variation de la trésorerie actif

EXERCICE 09.01

Vous reprenez les informations de la société Delaunay communiqués dans la Fiche 7 – exercice 07.01.

Travail à faire

1. **Présenter le tableau de flux de trésorerie de la CDB pour l'année N.**
2. **Interpréter le tableau obtenu.**

CORRIGÉ 09.01

1. Tableau de flux de trésorerie CDB

ACTIVITÉ	N
Chiffre d'affaires hors taxes et autres produits d'exploitation [1]	509 232
– Variation « clients » et autres créances d'exploitation [2]	– 34 738
= Encaissements sur produits d'exploitation (a)	**474 494**

Achats et autres charges d'exploitation [3]	474 068
– Variation « Fournisseurs » et autres dettes d'exploitation [4]	– 8 180
= Décaissements sur charges d'exploitation (b)	**465 888**
FLUX DE TRÉSORERIE D'EXPLOITATION (a) – (b)	**8 606**
+ Flux liés aux opérations hors exploitation [5]	– 10 470
– Charges d'intérêts	– 10 608
– Impôts sur les bénéfices décaissés [6]	– 3 444
– Flux affecté à la participation des salariés	0
– Distribution mise en paiement [7]	– 1 000
= FLUX DE TRÉSORERIE INTERNE A	**– 16 916**
INVESTISSEMENT	
Investissement d'exploitation hors production immobilisée [7]	41 806
+ Acquisitions de participations et de titres immobilisés	0
+ Variation des autres actifs immobilisés hors charges à répartir	0
– Subventions d'investissement reçues	0
– Variation des dettes sur immobilisations [8]	– 2 000
– Encaissements sur cessions d'immobilisations [9]	– 300
= FLUX LIÉ À L'INVESTISSEMENT I	**39 506**
FINANCEMENT	
Augmentation ou réduction de capital	0
– Variation des créances sur capital appelé non versé	0
= FLUX LIÉ AU CAPITAL (c)	0
NOUVEAUX EMPRUNTS [7]	14 776
dont nouveaux engagements de location-financement	
– REMBOURSEMENTS D'EMPRUNTS [7]	– 576
= VARIATION DES EMPRUNTS (d)	14 200
Variation des crédits bancaires courants [7]	36 000
+ Variation des créances cédées non échues	0
= VARIATION DE LA TRÉSORERIE PASSIF (e)	36 000
= FLUX LIE AU FINANCEMENT (c) + (d) + (e) = F	**50 200**
VARIATION DE LA TRÉSORERIE ACTIF	
Variation des disponibilités [7]	**– 6 222**
+ Variation des valeurs mobilières de placement	**0**
VARIATION DE LA TRÉSORERIE ACTIF A – I + F	**– 6 222**

[1] Ventes du compte de résultat

[2] Créances d'exploitation : .... 119 468 – 87 868 = + 31 600
Autres créances d'exploitation : .... 6 534 – 4 596 = + 1 938
Charges constatés d'avance : .... 8 600 – 7 400 = + 1 200
Total .... + 34 738

3 Achats et autres charges d'exploitation	
Achats	311 328
Services extérieurs	+ 55 557
Impôts et taxes	+ 9 787
Charges de personnel	+ 97 396
Total	**474 068**
4 Dettes d'exploitation 53 282 - 44 672	8 610
Produits constatés d'avance 24 734 - 25 164	- 430
Total	**8 180**
5 Flux liés aux opérations hors exploitation	
Produits exceptionnels sur opérations de gestion	434
– Charges exceptionnelles sur opérations de gestion	- 11 114
+ Produits financiers	+ 210
Total	**- 10 470**
6 Impôts sur les bénéfices décaissés	
Impôts sur les bénéfices	3 310
– Dettes sur IS fin N	- 5 404
+ Dettes sur IS fin N-1	+ 5 538
Total	**3 444**
7 Information dans le tableau de financement du PCG : exercice 07	
8 Dettes sur fournisseurs d'immobilisations = 2 000 - 0	
9 Encaissement sur cessions d'immobilisations	
Cessions	1 300
– Dettes sur IS fin N	- 1 000
Total	**300**

2. Interprétation du tableau de flux de trésorerie CDB

Le flux de trésorerie interne est négatif, ce qui signifie que l'activité de l'entreprise ne génère pas de trésorerie, ce qui peut être regrettable et signe de difficultés. Par ailleurs, l'entreprise a mis en place un nouvel investissement, ce qui conduit à un flux d'investissement à financer de 39 506 €. Ce financement a été réalisé grâce à un nouvel emprunt et par des crédits à court terme (augmentation des concours bancaires de 36 000 €). La situation est pour le moins inquiétante. Il faut espérer que le nouvel investissement sera générateur de flux de trésorerie positifs.

Projets d'investissement

L'investissement est nécessaire au développement de l'entreprise. C'est une dépense initiale pour acquérir des moyens de production ou de commercialisation qui généreront des profits dans les années à venir. Un projet d'investissement est acceptable s'il est rentable et si son financement est possible. La rentabilité repose sur une comparaison des *profits* que l'on espère obtenir de l'investissement avec les *revenus* d'un placement financier de même montant et de même risque.

I ▶ Le critère de la valeur actuelle nette (VAN)

A. Définition de la VAN

La **valeur actuelle nette** d'un investissement est la *différence* à la date de réalisation de l'investissement entre la *valeur actualisée* des recettes prévues et le montant du *capital* engagé dans le projet.

L'investissement est rentable si la valeur actualisée des recettes est supérieure au capital investi.

⇔

L'investissement est rentable si la VAN est positive.

B. Données du calcul

Durée du projet n : Durée d'amortissement le plus souvent		
Flux monétaires à actualiser		
Capital investi	**C**	• prix d'acquisition des immobilisations corporelles • frais initiaux (frais de recherche, de développement, de publicité) • l'accroissement du besoin en fonds de roulement d'exploitation (BFRE) Moins revente de matériels déclassés
Recettes nettes d'exploitation prévues	**R1, R2, ...Rn**	Recette nette d'exploitation après impôt (*R*) ou CAF d'exploitation = EBE – IS sur résultat d'exploitation
Valeur résiduelle de l'investissement	**V**	• valeur vénale des immobilisations en fin de projet ; • BFRE récupéré en fin de projet.
Taux d'actualisation i : taux de rentabilité exigé par l'entreprise (ou coût du capital)		

Remarques :

- Les recettes de financement (emprunts) et les dépenses financières (charges d'intérêts, remboursements d'emprunts) ne figurent pas dans les flux à prendre en compte.
- La comparaison des recettes nettes avec le placement financier (montant de l'investissement) repose sur l'hypothèse implicite qu'il est possible de placer les recettes nettes de l'investissement à un taux d'intérêt donné (ici le coût du capital).

C. Formule de la VAN

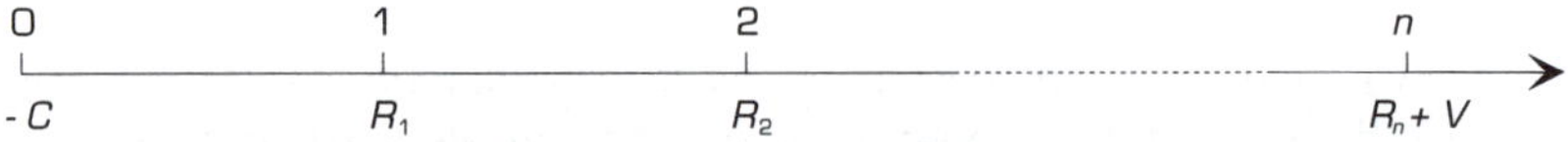

$$VAN = -C + R_1 (1 + i)^{-1} + R_2 (1 + i)^{-2} + \ldots + R_n (1 + i)^{-n} + V (1 + i)^{-n}$$

Règle : lorsque les projets ont la même durée et sont concurrents, le critère de la VAN conduit à choisir celui des projets dont la **VAN est la plus grande**.

Exemple 1

Une entreprise dépense 1 000 000 € pour investir à l'époque 0. Cet investissement produira les recettes nettes d'exploitation suivantes :

280 000 € à l'époque 1

300 000 € à l'époque 2

350 000 € à l'époque 3

300 000 € à l'époque 4

250 000 € à l'époque 5

À la fin de la 5e année, les équipements, complètement amortis, auront une valeur résiduelle de 100 000 €. Ils seront conservés par l'entreprise. Le coût du capital est 15 %.

$VAN = -1\,000\,000 + 280\,000 \times 1{,}15^{-1} + 300\,000 \times 1{,}15^{-2} + 350\,000 \times 1{,}15^{-3} + 300\,000 \times 1{,}15^{-4} + (250\,000 + 100\,000) \times 1{,}15^{-5} = +\,45\,990$ €.

L'investissement est rentable puisque la VAN est positive.

II ▶ L'indice de rentabilité (ou de profitabilité)

L'**indice de rentabilité** (ou *indice de profitabilité*) permet de classer les projets qui seront choisis dans l'hypothèse où l'entreprise doit choisir entre plusieurs projets dans le cadre d'une enveloppe budgétaire fixée.

$$\textbf{Indice de rentabilité} = 1 + \frac{\textbf{VAN}}{\textbf{Capital investi}}$$

Règle : les projets sont classés par ordre décroissant de leur indice de rentabilité et l'on retient ceux qui rentrent dans le cadre de l'enveloppe budgétaire.

Exemple 1 (suite)

$$\text{Indice de rentabilité} = 1 + \frac{45\,990}{45\,990 + 1\,000\,000} = 1{,}044$$

III ▶ Le taux interne de rentabilité (TIR)

A. Définition du TIR

Le taux interne de rentabilité (t) est le taux d'actualisation pour lequel la VAN égale zéro.

B. Formule du TIR

$$-C + R_1 (1 + t)^{-1} + R_2 (1 + t)^{-2} + \ldots + R_n (1 + t)^{-n} + V (1 + t)^{-n} = 0$$

On résout l'équation précédente pour déterminer la valeur de t.

Les calculatrices financières permettent d'obtenir le résultat, sinon il faut procéder à une interpolation linéaire.

Règle : un projet d'investissement est retenu lorsque le TIR est supérieur au coût du capital ou à un taux de rentabilité fixé par l'entreprise.

FICHE 10

Remarque. Les deux critères de rentabilité d'un projet
VAN > 0 ou TIR > i (coût du capital)
sont équivalents.

Exemple 1 (suite)

Le TIR est la racine t de l'équation : $-1\,000\,000 + 280\,000 \times (1 + t)^{-1} + 300\,000 \times (1 + t)^{-2} + 350\,000 \times (1 + t)^{-3} + 300\,000 \times (1 + t)^{-4} + (250\,000 + 100\,000) \times (1 + t)^{-5} = 0$

Nous avions déjà calculé la VAN au taux de 15 % soit 45 990 €.

De même, la VAN au taux de 18 % est 26 511 €.

Par interpolation linéaire, nous obtenons :

$$t = 0{,}15 + 0{,}03 \times \frac{45\,990}{45\,990 + 26\,511} = 0{,}169 \text{ soit } 16{,}9\ \%.$$

Le projet est rentable parce que le TIR (16,9 %) est supérieur au coût du capital 15 %.

Ce critère est équivalent au critère de la VAN : nous avions vu que le projet était rentable parce que la VAN (45 990 €) est positive.

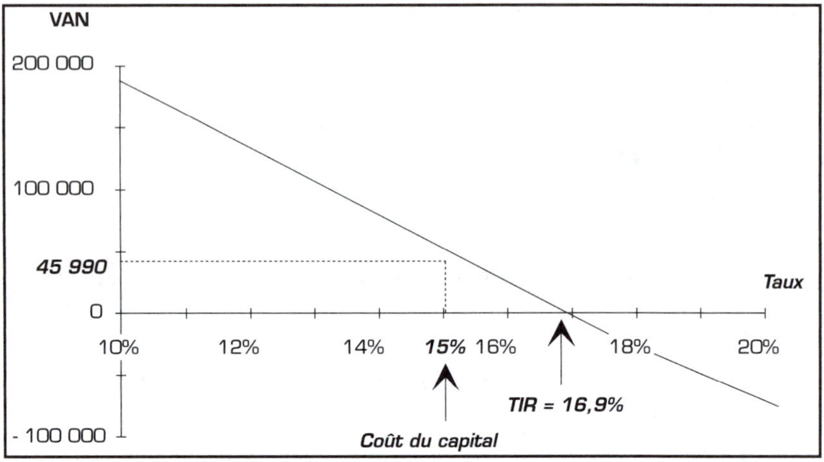

IV ▶ Délai de récupération du capital investi

Le **délai de récupération** (encore appelé *période de récupération* ou *retour sur investissement* ou *payback period.*) repose sur l'idée qu'un montant investi doit être récupéré rapidement pour être **rentable** et **peu risqué**.

A. Définition

Le délai de récupération est le temps nécessaire pour que le *cumul* des recettes nettes d'exploitation soit égal au montant investi.

B. Calcul

Exemple 2

Un projet nécessite une mise de fonds initiale de 400 000 € et il générera les CAF d'exploitation suivantes. Le cumul des CAF d'exploitation a été calculé.

Années	1	2	3	4	5
CAF d'exploitation	150 000	140 000	230 000	180 000	120 000
Cumul des CAF	150 000	**290 000**	**520 000**	700 000	820 000

Les 400 000 € sont récupérés dans une période comprise entre 2 et 3 ans. La date peut être précisée par interpolation linéaire : $2 + \frac{400\,000 - 290\,000}{520\,000 - 290\,000} \times 12$ = 2 ans 5 mois.

Remarque. Le calcul ne tient aucun compte des recettes des années (4 et 5) postérieures au délai de récupération.

C. Critère d'acceptation

L'entreprise se fixe arbitrairement un délai limite et élimine les projets pour lesquels le délai de récupération est supérieur à cette limite.

Règle : lorsque deux projets d'investissement dégagent une VAN > 0 et proche, on privilégie celui dont le délai de récupération est le plus court.

V ▶ Délai de récupération actualisé

Cette variante de la méthode du délai de récupération cumule les valeurs actuelles respectives des flux de trésorerie (et non les flux eux-mêmes).

Exemple 2 (suite)

Rappelons que le capital investi est 400 000 €. Le coût du capital est, par hypothèse, 15 %.

Années	1	2	3	4	5
CAF d'exploitation	150 000	140 000	230 000	180 000	120 000
CAF actualisée (à 15 %)	130 435	105 860	151 228	102 915	59 661
Cumul des CAF actualisées	130 435	236 295	**387 523**	**490 348**	550 099

Les 400 000 € sont récupérés dans une période comprise entre 3 et 4 ans. La date peut être précisée par interpolation linéaire : $3 + \frac{400\ 000 - 387\ 523}{490\ 348 - 387\ 523} \times 12 = 3$ ans 1 mois.

VI ▶ Critères intégrés

L'hypothèse du placement des recettes à un taux égal au TIR n'est pas réaliste. Une solution à ce problème consiste à calculer d'abord la valeur acquise en fin de projet en capitalisant les excédents de trésorerie (flux positifs) au taux des placements sur le marché et les déficits de trésorerie (flux négatifs) au coût du capital.

A. VAN globale (ou intégrée)

La VAN intégrée est obtenue en actualisant la valeur acquise en fin de projet. Le taux d'actualisation est le coût du capital pour l'entreprise.

Exemple 3

Une entreprise utilise une machine qui permet de creuser un tunnel en deux ans. Les recettes nettes seront de 10 000 M€ par an (projet A). La machine pourrait être remplacée par une machine plus puissante pour le prix de 1 600 M€. Le tunnel serait creusé en un an et la recette serait de 20 000 M€ (projet B).

Le calcul des flux différentiels serait le suivant :

	0	1	2
Projet *B*	– 1 600	20 000	0
Projet *A*	0	10 000	10 000
Projet différentiel (*B* – *A*)	– 1 600	+ 10 000	– 10 000

Le taux de placement des flux positifs est $i = 0{,}10$. Le coût du capital est 15 %.

- **Valeur acquise en fin de projet**

$- 1\,600 \times 1{,}15^2 + 10\,000 \times 1{,}10 - 10\,000 = - 1\,116$

- **VAN globale**

$1\,116 \times 1{,}15^{-2} =$ **– 844**

La VAN du projet différentiel étant négative, le projet d'achat d'une nouvelle machine doit être rejeté.

FICHE 10

B. TIR global ou intégré

Le TIR global est le taux de capitalisation des flux négatifs qui annule la valeur acquise.

Exemple 3 (suite)

Continuons l'exemple précédent. Désignons par t, le TIR global ou intégré.

La solution du problème est racine de l'équation :

$- 1\,600 \times (1 + t)^2 + 10\,000 \times 1{,}10 - 10\,000 = 0 \Rightarrow \boldsymbol{t = - 0{,}209}$.

Le taux de rentabilité intégré du projet différentiel est négatif. Le projet d'achat d'une nouvelle machine doit être rejeté.

Conseils

- **Attention à bien positionner dans le temps les flux lors de leur paiement ou de leur encaissement. Ainsi, une dépense payée le 1er Janvier N+1 sera inscrite dans les dépenses du 31/12/N. Toutefois, l'économie d'IS se situe le 31/12/N+1.**
- **Penser à ne retenir que les flux supplémentaires générés par l'investissement projeté.**
- **Penser à tenir compte du placement à un certain taux des flux intermédiaires, lors du calcul d'un taux interne de rentabilité intégré.**
- **Ne pas intégrer les flux de financement pour déterminer la rentabilité économique d'un projet d'investissement.**

MÉMO

- **Valeur actuelle nette**

VAN $= - C + R_1\,(1 + i)^{-1} + R_2\,(1 + i)^{-2} + \ldots + R_n\,(1 + i)^{-n} + V\,(1 + i)^{-n}$

Investissement rentable si VAN > 0

- **Indice de rentabilité**

$$\text{Indice de rentabilité} = 1 + \frac{\text{VAN}}{\text{Capital investi}}$$

Investissement rentable si I > 1

- **Taux interne de rentabilité**

⇒ Taux d'actualisation tel que **VAN = *0***

- **Délai de récupération**

Temps nécessaire pour que le *cumul* des recettes nettes d'exploitation soit égal au montant investi.

EXERCICE 10.01

DORAL

L'entreprise DORAL a mis au point un produit nouveau susceptible d'intéresser un large public.

À la suite d'une étude de marché, les prévisions de ventes ont été établies sur une durée de 5 ans. La durée de vie du produit a été estimée à 5 années et il est fort probable qu'ensuite celui-ci disparaisse du marché.

Années	1	2	3	4	5
Chiffre d'affaires prévisionnel	520 000	730 000	1 000 000	885 000	640 000

Un investissement de 600 000 € serait mis en place en début d'année 1. Il ferait l'objet d'un amortissement linéaire sur 5 ans. Sa valeur résiduelle serait nulle. Le besoin en fonds de roulement lié à ce projet représente 10 % du CA. Il serait récupéré intégralement au bout des 5 années.

Les charges d'exploitation liées à ce projet seraient les suivantes :

Années	1	2	3	4	5
Charges d'exploitation prévisionnelles	400 000	450 000	520 000	540 000	500 000

Le taux de l'impôt sur les bénéfices serait de 33 1/3 %. Le coût du capital est estimé à 15 %.

Travail à faire

1. **Calculer les CAF d'exploitation pour les 5 années à venir.**
2. **Calculer le capital investi au cours des 5 années.**
3. **Calculer la VAN du projet et conclure.**
4. **Calculer le TIR du projet et conclure.**

exos

e x o s

CORRIGÉ 10.01

1. CAF d'exploitation

	1	2	3	4	5
Chiffre d'affaires	520 000	730 000	1 000 000	885 000	640 000
Charges d'exploitation	- 400 000	- 450 000	- 520 000	- 540 000	- 500 000
- Amortissements 1)	- 120 000	- 120 000	- 120 000	- 120 000	- 120 000
Résultat avant impôt	0	160 000	360 000	225 000	20 000
- Impôt (33 1/3 %)	0	- 53 333	- 120 000	- 75 000	- 6 667
Résultat après impôt	0	106 667	240 000	150 000	13 333
+ Amortissements	120 000	120 000	120 000	120 000	120 000
CAF d'exploitation	120 000	226 667	360 000	270 000	133 333

[1] Amortissement = 600 000/5 = 120 000

2. Capital investi au cours des 5 années

Tableau préparatoire des calculs

	1	2	3	4	5
Chiffre d'affaires	520 000	73 000	1 000 000	885 000	640 000
BFRE 10 % du CA	52 000	73 000	100 000	88 500	64 000
Variation du BFRE	21 000	27 000	- 11 500	- 24 500	- 64 000
Récupération du BFRE					- 52 000

La variation du BFRE est obtenue par différence entre l'année n+1 et l'année n et positionnée en début de période dans le tableau ci-dessous. Les années 1 et 2 laissent apparaître un besoin en fonds de roulement en raison de la croissance du chiffre d'affaires et les années 3 et 4 un dégagement en fonds de roulement en raison de la diminution du chiffre d'affaires. Pour l'année 5, il n'est pas possible de calculer l'accroissement du besoin puisque l'on est en fin de cycle de vie du produit.
Le BFRE est ensuite récupéré en fin d'année 5 soit 21 000 + 27 000 – 11 500 – 24 500 – 64 000 = – 52 000 (dégagement).

Tableau récapitulatif

	0	1	2	3	4	5
Investissement	- 600 000					
Variation du BFRE	- 21 000	- 27 000	11 500	24 500	12 000	52 000
Flux nets de trésorerie	- 621 000	93 000	238 167	384 500	282 000	185 333

3. VAN du projet

VAN = – 621 000 + 93 000 $(1{,}15)^{-1}$ + 238 167 $(1{,}15)^{-2}$ + ... + 185 333 $(1{,}15)^{-5}$
VAN = 146 150,61 €
La VAN est positive, donc l'investissement est considéré comme rentable.

4. TIR du projet

VAN = 0 ⟹ VAN = – 621 000 + 93 000 $(1+t)^{-1}$ + 238 167 $(1+t)^{-2}$ + … + 185 333 $(1+t)^{-5}$

Avec la calculatrice, on trouve t = 23,52 %.

L'investissement est donc très rentable, car le TIR est largement supérieur au coût du capital de 15 %.

EXERCICE 10.02

TRICAIL

La société TRICAIL est spécialisée dans la fabrication de fils et câbles électriques. Sa croissance est rapide depuis quelques années et elle peut envisager un développement prometteur. Elle décide de mettre en place un nouvel investissement et hésite entre deux projets A et B d'ampleur différente à réaliser au début de l'année n+1.

Projet A : Extension et modernisation des locaux existants

Coût : 2 000 000 € décaissement au début n+1, amortissement linéaire sur 5 ans

Prévisions liées au projet (*en millions d'euros*)

	N+1	N+2	N+3	N+4	N+5
Chiffre d'affaires	6	7,5	9,375	11,719	14,648
Charges fixes (hors amortissements)	1,2	1,7	2,2	2,7	3,2

Projet B : Décentralisation par voie d'extension des activités en dehors de la région

Coût : 3 000 000 € décaissement au début n+1, amortissement linéaire sur 5 ans

Prévisions liées au projet (*en millions d'euros*)

	N+1	N+2	N+3	N+4	N+5
Chiffre d'affaires	8	10,4	13,52	17,576	22,849
Charges fixes (hors amortissements)	1,4	2,1	2,9	3,9	5,1

Dans les deux cas :

- les charges variables représentent 70 % du chiffre d'affaires ;
- le coût du capital est estimé à 7 %. Le taux de l'IS est de 33 1/3 %.

Travail à faire

1. **Calculer la VAN du projet A, le TIR ainsi que l'indice de rentabilité.**
2. **Calculer la VAN du projet B le TIR ainsi que l'indice de rentabilité**
3. **Calculer la VAN globale des deux projets ainsi que le TIR global.**
4. **Conclure sur l'investissement à réaliser.**

CORRIGÉ 10.02

1. Projet A

Projet A (en k€)						
	N	N+1	N+2	N+3	N+4	N+5
Chiffre d'affaires		6 000	7 500	9 375	11 719	14 648
Charges variables (70 % du CA)		- 4 200	- 5 250	- 6 563	- 8 203	- 10 254
Charges fixes		- 1 200	- 1 700	- 2 200	- 2 700	- 3 200
Dotations aux amortissements		- 400	- 400	- 400	- 400	- 400
Résultat avant IS		200	150	213	416	795
– IS à 33 1/3 %		- 67	- 50	- 71	- 139	- 265
Résultat après IS		133	100	142	277	530
CAF d'exploitation		533	500	542	677	930
Investissement	- 2 000					
Flux de trésorerie	- 2 000	533	500	542	677	930

VAN = – 2 000 000 + 533 000 × $1{,}07_{-1}$ + 500 000 × $1{,}07^{-2}$ + 542 000 × $1{,}07^{-3}$ + 677 000 × $1{,}07^{-4}$ + 930 000 × $1{,}07^{-5}$ = + 556 720 €.

Le TIR est la racine t de l'équation : – 2 000 000 + 533 000 × $(1 + t)^{-1}$ + 500 000 × $(1 + t)^{-2}$ + 542 000 × $(1 + t)^{-3}$ + 677 000 $(1 + t)^{-4}$ + 930 000 $(1 + t)^{-5}$ = 0.

t = 15,90 %

$$\text{Indice de rentabilité} = 1 + \frac{556\,720}{556\,720 + 2\,000\,000} = 1{,}21$$

2. Projet B

Projet B (en k€)						
	N	N+1	N+2	N+3	N+4	N+5
Chiffre d'affaires		8 000	10 400	13 520	17 576	22 849
Charges variables (70 % du CA)		- 5 600	- 7 280	- 9 464	- 12 303	- 15 994
Charges fixes		- 1 400	- 2 100	- 2 900	- 3 900	- 5 100
Dotations aux amortissements		- 600	- 600	- 600	- 600	- 600
Résultat avant IS		400	420	556	773	1 155
– IS à 33 1/3 %		- 133	- 140	- 185	- 258	- 385
Résultat après IS		267	280	371	515	770
CAF d'exploitation		867	880	971	1 115	1 370
Investissement	- 3 000					
Flux de trésorerie	- 3 000	867	880	971	1 115	1 370

VAN = – 3 000 000 + 867 000 × $1{,}07^{-1}$ + 880 000 × $1{,}07^{-2}$ + 971 000 × $1{,}07^{-3}$ + 1 115 000 × $1{,}07^{-4}$ + 1 370 000 × $1{,}07^{-5}$ = + 1 198 350 €.

Le TIR est la racine t de l'équation : – 3 000 000 + 867 000 × $(1 + t)^{-1}$ + 880 000 × $(1 + t)^{-2}$ + 971 000 × $(1 + t)^{-3}$ + 1 115 000 × $(1 + t)^{-4}$ + 1 370 000 × $(1 + t)^{-5}$ = 0

t = 19,77 %

$$\text{Indice de rentabilité} = 1 + \frac{1\,198\,350}{1\,198\,350 + 3\,000\,000} = 1{,}29$$

3. VAN globale et TIR global

Projet A

- Valeur acquise par les flux de trésorerie positifs à la fin de l'époque 5, au taux de 6 % :

$V = 533\,(1{,}06)^4 + 500\,(1{,}06)^3 + 542\,(1{,}06)^2 + 677\,(1{,}06) + 930 = 3\,525$ k€

VAN globale = $-2\,000 + 3\,525\,(1{,}07)^{-5} = 513$ k€

- TIR global : $2\,000 = 3\,525\,(1{,}07)^{-5} \Rightarrow t = 12$ %

Projet B

- Valeur acquise par les flux de trésorerie à la fin de l'époque 3, au taux de 6 % :

$V = 867\,(1{,}06)^4 + 880\,(1{,}06)^3 + 971\,(1{,}06)^2 + 1\,115\,(1{,}06) + 1\,370 = 8\,367$ k€

VAN globale = $-3\,000 + 8\,367\,(1{,}07)^{-5} = 2\,965$ k€

- TIR global : $3\,000 = 8\,367\,(1+t)^{-5} \Rightarrow t = 23$ %

Le projet à retenir est donc le projet B puisque sa VAN globale est la plus grande, ainsi que son TIR global.

4. Conclusion

Les deux projets A et B sont rentables. Cependant, il faut préférer le projet B qui procure une VAN supérieure à celle de A.

De même, le TIR de B est supérieur à celui de A ainsi que l'indice de rentabilité.

Les critères de la VAN globale et du TIR global donnent également la préférence au projet B.

Besoin en fonds de roulement normatif

FICHE 11

Prévoir le besoin en fonds de roulement est indispensable à toute entreprise qui a un projet de lancement d'un nouveau produit ou qui veut modifier sa politique de stockage ou de crédit accordé à sa clientèle.

I ▶ Le besoin en fonds de roulement prévisionnel

A. Les facteurs explicatifs du BFRE

La prévision du besoin en fonds de roulement ne peut se faire qu'au niveau de l'exploitation. On cherche à évaluer un besoin en fonds de roulement d'exploitation (BFRE) prévisionnel.

Il faut se rappeler (*cf.* fiche 4) que l'existence du BFRE résulte des décalages entre les paiements aux fournisseurs et l'encaissement des créances clients.

B. Proportionnalité du BFRE au chiffre d'affaires

▶ Les principaux postes du BFRE à retenir sont :
- les stocks et en-cours ;
- les créances clients ;
- les dettes fournisseurs.

Le montant des stocks, des créances clients et des dettes fournisseurs devrait donc être sensiblement proportionnel au chiffre d'affaires de l'entreprise. Cette proportionnalité peut être contrôlée en formant le ratio de BFRE :

$$\frac{\text{BFRE}}{\text{Chiffre d'affaires HT}}$$

▶ La méthode utilisée suppose donc cette proportionnalité du BFRE au CA annuel HT.

C. Estimation du BFRE

Le BFRE prévisionnel peut alors être estimé en multipliant le chiffre d'affaires prévisionnel par le ratio $\frac{\text{BFRE}}{\text{Chiffre d'affaires HT}}$ (observé d'après les comptes annuels de l'entreprise).

$$\textbf{BFRE prévisionnel} = \textbf{CA prévisionnel} \times \frac{\textbf{BFRE}}{\textbf{CA HT}}$$

II ▶ Le BFRE normatif

A. Principe de la méthode

▶ Le BFRE normatif est déterminé pour un niveau normal d'activité. C'est pourquoi la méthode porte le nom de BFRE normatif.
Elle repose sur une estimation de ratios de rotation composant le BFRE, considérés comme souhaitables. Pour cela, on retient une structure donnée du compte de résultat. Ces estimations constituent des normes de gestion à atteindre.

▶ Chaque poste du BFRE est estimé *en jours de CAHT* selon le rapport suivant :

$$\frac{BFRE}{CAHT} \times 360.$$

B. Les trois étapes de détermination du BFRE

Pour chaque poste du BFRE on fait successivement les estimations suivantes :

▶ **Estimation de ratios (ou délais) de rotation normaux**

On a vu dans la fiche n° 7 qu'il était possible de calculer des délais de rotation des stocks, créances clients et crédits fournisseurs à partir d'un bilan et d'un compte de résultat. Ces ratios ont la forme générale suivante :

$$\frac{\text{poste du BFRE}}{\text{flux moyen annuel}} \times 360.$$

Les ratios utilisés dans la détermination du BFRE peuvent être exprimés également sous forme d'un rapport. Ils sont estimés par les services compétents de l'entreprise et évalués en une *unité spécifique à chaque poste du BFRE*. Il y a donc hétérogénéité dans les ratios et il n'est pas possible de les additionner (ou les retrancher).

Remarque. Les ratios de rotation ne doivent pas être issus d'une situation passée mais prévisionnelle.

▶ **Estimation de coefficients de pondération**

Ces coefficients de pondération (ou encore dénommés coefficients de structure) sont destinés à transformer les ratios de rotation en une unité commune de mesure, le jour de CAHT.

Ces coefficients représentent la structure souhaitable du compte de résultat. Pour chaque poste du BFRE, ils s'expriment sous la forme $\frac{\text{flux moyen annuel}}{CAHT}$. Ce qui équivaut à mesurer en pourcentage la part de chaque poste du BFRE dans le prix de vente unitaire.

▶ **Estimation de délais d'écoulement en jours de CAHT**

Chaque poste du BFRE est évalué en jours de CAHT. La première étape consiste à estimer un ratio évalué en une unité spécifique.

La seconde étape permet d'obtenir un coefficient de structure.

La troisième étape assure la transformation en une unité commune de mesure : le jour de CAHT. Elle consiste à multiplier les délais d'écoulement et les coefficients de structure des deux étapes précédentes.

La relation suivante permet d'assurer la transformation des jours hétérogènes en jours de CAHT :

$$\left.\begin{array}{l}\text{Délai d'écoulement} = \dfrac{\textit{poste du BFRE}}{\textit{flux moyen annuel}} \times 360 \\ \text{Coefficient de structure} = \dfrac{\textit{flux moyen annuel}}{\textit{CAHT}}.\end{array}\right\} \begin{array}{l}\dfrac{\textit{poste du BFRE}}{\textit{flux moyen annuel}} \times 360 \times \dfrac{\textit{flux moyen annuel}}{\textit{CAHT}} \\ = \dfrac{\textit{poste du BFRE}}{\textit{CAHT}} \times 360\end{array}$$

Le dénominateur du délai d'écoulement est le numérateur du coefficient de structure. On constate que le résultat du deuxième membre de la formule ci-dessus est $\dfrac{\textit{poste du BFRE}}{\textit{CAHT}} \times 360$. Il est évalué en jour de CAHT (unité de mesure homogène).

Les postes du BFRE sont cumulés en distinguant les éléments de l'actif et ceux du passif. Le BFR normatif est la différence entre le cumul des éléments actifs et le cumul des éléments passifs.

III ▶ Présentation des calculs

Le calcul du BFR normatif est présenté dans un tableau où chaque élément du BFRE est donné par la formule :

Élément du BFRE = délai d'écoulement (en jours) × coefficient de structure (pour 1 jour de CAHT)

Exemple

L'entreprise Nova envisage de lancer un produit nouveau Z et souhaite déterminer le montant du BFRE normatif qui en résulterait.

Les informations suivantes issues des services concernés sont communiquées sur les délais d'écoulement :

Stock de matières premières : 30 jours

Stock d'en-cours : 4 jours

Stock de produits finis : 18 jours

Crédit clients : 40 jours

Crédit fournisseurs : 35 jours

Salaires nets [1] : réglés le 30 du mois soit une durée moyenne de 15 jours (30/2).

Cotisations sociales [1] réglées le 15 du mois suivant soit un durée moyenne de 30 jours (30/2 + 15).

---

1 Le programme du DCG précise dans les indications complémentaires : « seuls les postes de stocks, de créances clients, de dettes fournisseurs et de TVA font partie de l'étude ».

Selon le service budgétaire, les prévisions concernant le **coût de production d'une unité du produit Z** (vendue 300 € HT) sont les suivantes :

Matières premières .... 45 €

Salaires nets [1] .... 120 €

Cotisations sociales [1] .... 60 €

Dotations aux amortissements .... 30 €

Coût de production .... **255 €**

Le **coût d'un article en-cours de production** comprend :

- la totalité des matières .... 45 €
- la moitié des charges de personnel .... 90 €
- la moitié des amortissements .... 15 €

Coût d'un en-cours de production .... **150 €**

Le **taux de la TVA** sur les ventes de produits et sur les achats de matières est **19,60** %.

Les coefficients de structure sont donc :

- Stock de matières (45/300) .... 15 %
- Stock de produits finis [(45 + 180)/300] .... 75 %

Attention ! Le coefficient du stock de produits finis est toujours calculé en fonction du coût de production hors amortissements car les dotations n'entraînent pas de dépenses ; elles sont sans incidence sur les besoins de financement.

- En-cours de production [(45 + 90)]/300 .... 45 %

Le coefficient des en-cours est calculé **hors amortissements** comme pour les produits finis.

- Créances clients .... 119,6 %

Les créances clients sont évaluées TTC. Pour 1 € de vente HT, il y a 1,196 € de vente TTC.

- Dettes fournisseurs de matières (45 × 1,196/300) .... 17,94 %

Les dettes fournisseurs sont évaluées d'après le coût matières TTC.

Salaires nets (120/300) .... 40 %

Charges sociales (60/300) .... 20 %

- TVA collectée sur les ventes de produits .... 19,6 %
- TVA déductible sur les achats de matières (45 × 0,196/300) .... 2,94 %

Tableau de calcul du BFRE normatif

Postes du BFRE	Délais d'écoulement	Coefficient de structure	Jours de CAHT	
			Actif circulant d'exploitation	Dettes d'exploitation
Stock de matières premières	30	0,15	4,50	
Stock de produits finis	18	0,75	13,50	

[1] Le programme du DCG précise dans les indications complémentaires : « seuls les postes de stocks, de créances clients, de dettes fournisseurs et de TVA font partie de l'étude ».

FICHE 11

Postes du BFRE	Délais d'écoulement	Coefficient de structure	Jours de CAHT	
			Actif circulant d'exploitation	Dettes d'exploitation
Stock d'en-cours	4	0,45	1,80	
Créances clients	40	1,196	47,84	
TVA déductible	36	0,0294	1,06	
Dettes fournisseurs	35	0,1794		6,279
TVA collectée	36	0,196		7,06
Salaires nets	15	0,40		6,00
Dettes envers les organismes sociaux	30	0,20		6,00
		Totaux	**68,70**	**25,34**
		BFRE en jours de CAHT = 43,36		

Le BFRE est égal à 43,36 jours de CAHT.

Si la société Nova envisage de vendre 1 500 unités du produit Z pour l'année suivante, le BFRE normatif lié à ce projet est donc de 43,36 × (1 500 × 300)/360 = 54 200 €.

IV ▶ Actions sur le BFRE normatif

Le financement du BFRE absorbe des ressources coûteuses (capitaux, emprunts, concours bancaires). Il est de l'intérêt de l'entreprise de réduire le plus possible le montant du BFRE. Faute de pouvoir modifier la structure des coûts (et les coefficients de structure), l'effort porte sur les durées d'écoulement des stocks, des créances clients et des dettes fournisseurs. L'action consiste à :

- réduire la durée d'écoulement des stocks ou même supprimer le stockage par une politique dite de « *juste à temps* » (ou de « *flux tendus* ») ;
- réduire la durée d'écoulement des créances clients en limitant la durée du crédit, en développant les ventes au comptant, en veillant à la relance des clients retardataires ;
- augmenter au contraire la durée d'écoulement des dettes fournisseurs en contraignant les fournisseurs à accepter de longs délais avant d'être payés.

Conseils

- **Bien repérer les informations pour les délais d'écoulement et les coefficients de structure.**
- **Évaluer les stocks d'en-cours en fonction du degré d'avancement de l'encours moyen (pourcentage de chacune des charges incluses).**

MÉMO

Élément du BFRE = délai d'écoulement (en jours) × coefficient de structure (pour 1 jour de CAHT)

$$\text{Délai d'écoulement} = \frac{\textit{poste du BFRE}}{\textit{flux moyen annuel}} \times 360$$

$$\text{Coefficient de structure} = \frac{\textit{flux moyen annuel}}{\textit{CAHT}}.$$

$$\frac{\textit{poste du BFRE}}{\textit{flux moyen annuel}} \times 360 \times \frac{\textit{flux moyen annuel}}{\textit{CAHT}} = \frac{\textit{poste du BFRE}}{\textit{CAHT}} \times 360$$

FICHE 11

EXERCICE 11.01

Difficult

Vous êtes nouvellement embauchée dans le service comptable de l'entreprise Difficult et vous apportez votre expérience récente sur les points particuliers suivants.

Travail à faire

1. Calculer le délai moyen du crédit clients lorsque les clients règlent :

- à 30 jours fin de mois ; - fin de mois ; - 30 jours fin de mois le 15 du mois suivant.

2. Calculer le délai moyen des salaires lorsque les salariés sont payés le :

- 30 du mois ; - 5 du mois suivant ; - le 25 de chaque mois.

CORRIGÉ 11.01

1. Règlement des clients

- 30 jours fin de mois : Les ventes du mois sont supposées uniformément réparties au cours du mois. Leur date moyenne est le 15 du mois. La durée moyenne d'écoulement des créances clients du mois m s'étend donc du 15 m à fin m + 1, soit 45 jours (ou 30/2 + 30).
- fin de mois : Si le règlement des ventes était effectué « à fin de mois », la durée moyenne serait inférieure de 30 jours, soit 45 – 30 = 15 jours ou encore 30/2.
- Si le règlement des ventes était effectué « à 30 jours fin de mois le 15 », la durée moyenne serait supérieure de 15 jours, soit 45 + 15 = 60 jours.

2. Paiement des salaires

• Si les salaires sont payés le dernier jour du mois (le 30), le travail est supposé uniformément réparti du 1er au 30. La date moyenne est donc le 15 soit 30/2.
• Si les salaires sont payés le 5 du mois suivant il faut augmenter la durée moyenne de 5 jours soit 30/2 + 5 = 20 jours.
• Si les salaires sont payés le 25 de chaque mois, il faut diminuer la durée moyenne du cas n° 1 de 5 jours (30 – 25) puisque les salariés sont réglés avant la fin du mois soit une durée de 15 – 5 = 10 jours.

exos

EXERCICE 11.02

La société Brami envisage de lancer un produit nouveau et souhaite estimer le BFRE prévisionnel lié à cette nouvelle activité.

Travail à faire

1. Exprimer le BFRE normatif en jours de CAHT.

2. Chiffrer le BFRE dans l'hypothèse d'un CA annuel de 80 000 €.

Annexe 1 – Délais d'écoulement

Les délais d'écoulement ont été estimés ainsi :

Stock de matières premières :	30 jours
Stock de produits finis :	20 jours
Crédit clients :	40 jours
Crédit fournisseurs :	40 jours

La TVA est réglée le 21 du mois.
Salaires payés le 30 du mois
Cotisations sociales payées le 15 du mois suivant.

Annexe 2 – Estimation des coûts

Les coûts ont été estimés sur la base de 100 € de chiffres d'affaires hors taxes :

Matières premières :	28 €
Salaires nets :	17 €
Cotisations sociales :	8 €
Dotations aux amortissements :	8 €.

Le taux de TVA est de 19,60 %.

CORRIGÉ 11.02

1. Tableau de calcul du BFRE normatif

Postes du BFRE	Délais d'écoulement	Coefficient de structure		Jours de CAHT	
		Explications	Résultat	Actif circulant d'exploitation	Dettes d'exploitation
Stock de Matières premières	30	28/100	0,28000	8,40	
Stock de produits finis	20	(28 + 25)/100	0,53000	10,60	

Postes du BFRE	Délais d'écoulement	Coefficient de structure		Jours de CAHT	
		Explications	Résultat	Actif circulant d'exploitation	Dettes d'exploitation
Créances clients	40		1,196	47,84	
TVA déductible	36	0,196 × 28/100	0,05488	1,98	
Dettes fournisseurs	40	28 × 1,196/100	0,33488		13,40
TVA collectée	36	0,196	0,196		7,06
Salaires nets	15	17/100	0,17		2,55
Cotisations sociales	30	8/100	0,08		2,40
			Totaux	**68,82**	**25,41**
			BFRE en jours de CAHT =	**43,41**	

2. BFRE prévisionnel

BFRE pour un CA annuel HT de 80 000 € : 43,41 × 80 000/360 = 9 646,66 €.

FICHE 12

Coût et choix des financements

Après avoir retenu l'investissement le plus rentable (*cf.* Fiche 10), l'entreprise doit choisir le mode de financement le moins coûteux. Pour cela elle doit calculer le coût de chaque source de financement.

I ▶ Coût d'un emprunt

A. Cas ordinaire : emprunts émis et remboursés au pair

En désignant par r .... le taux nominal de l'emprunt,
t .... le taux de l'impôt sur les bénéfices.

Le coût de l'emprunt i est égal à :

$$i = r\,(1 - t)$$

Exemple

Le taux de l'impôt sur les bénéfices est 33 1/3 %. Un emprunt dont le taux nominal est 12 % a un coût :

0,12 × (1 - 0,33 1/3) = 0,08 soit ***i* = 8** %.

B. Cas particulier des emprunts obligataires avec prime de remboursement.

Le coût de l'emprunt est le **taux d'actualisation** assurant l'équivalence :
- entre le prix d'émission,
- et les annuités de remboursement diminuées des économies d'impôts dues aux charges d'intérêts et à l'amortissement de la prime de remboursement.

Exemple

Une société soumise à l'impôt au taux de 33 1/3 % émet des obligations de 5 000 € au prix de 4 950 €. Le taux nominal est 12 %. Les obligations sont remboursées « *in fine* » après cinq ans au prix de 5 100 €. La prime de remboursement est amortie en cinq fractions égales de 30 €.

Calcul des annuités nettes d'économie d'impôts (pour une obligation)

Années / Flux monétaires	1	2	3	4	5
Remboursement					5 100
Charges d'intérêts	600	600	600	600	600
- Économies d'impôts					
sur intérêts	- 200	- 200	- 200	- 200	- 200
sur amortissement des primes	- 10	- 10	- 10	- 10	- 10
Annuités nettes d'impôt ..	390	390	390	390	5 490

Le coût de l'emprunt est la racine de l'équation :
$4\,950 = 390 \times (1 + i)^{-1} + 390 \times (1 + i)^{-2} + 390 \times (1 + i)^{-3} + 390 \times (1 + i)^{-4} + 5\,490 \times (1 + i)^{-5}$
soit i = **8,39 %**

II ▶ Coût d'un crédit-bail

A. Calcul du coût (ou taux actuariel)

Le **taux actuariel** est le **taux d'actualisation** assurant l'équivalence :

- entre la **valeur à neuf du bien** faisant l'objet du contrat ;
- et les **flux monétaires** résultant de l'exécution du contrat.

Les flux de dépenses comprennent :

- les **loyers** périodiques et le **prix d'exercice de l'option** d'achat en fin de contrat ;
- *moins* l'**économie sur le prix de l'achat immédiat** du bien ;
- *moins* les **économies d'impôts** résultant des charges de *loyer* et des annuités d'*amortissement du prix de l'option* (après la fin du contrat) ;
- *plus* la **perte de l'économie d'impôt** qui aurait été réalisée sur l'*amortissement du bien* si son acquisition avait été immédiate.

Remarque. Dans le cas du **crédit-bail immobilier**, une plus-value fiscale est réalisée au moment de la levée de l'option. Cette plus-value est égale à la *différence* entre :
- la *valeur comptable nette théorique* de l'immeuble dans l'hypothèse où il aurait été acquis en propriété dès le début de contrat ;
- et le *prix d'exercice de l'option.*

L'imposition de cette plus-value s'ajoute aux *flux de dépenses.*

Exemple

Un matériel d'une valeur de 400 000 €, amortissable linéairement en cinq ans, est financé par un crédit-bail d'une durée de quatre ans. Les conditions du contrat sont les suivantes :

- date du contrat : 1er janvier N ;
- loyers : quatre versements annuels, égaux chacun à 29,5 % de la valeur du bien ; le premier versement à la conclusion du contrat ; les versements suivants les 1er janvier N+1, N+2 et N+3 ;
- option d'achat : le 1er janvier N+4 ; prix d'exercice : 3 % de la valeur du bien ; - taux de l'impôt sur les bénéfices : 33 1/3 %.

FICHE 12

Calcul des flux de dépenses

Échéances / Flux monétaires	1.01.N	1.01.N+1	1.01.N+2	1.01.N+3	1.01.N+4	1.01.N+5
Loyers	118 000	118 000	118 000	118 000		
- économie sur le prix d'achat immédiat du bien .	- 400 000					
Option d'achat					12 000	
- économie d'IS (33 1/3 %)						
sur loyers		- 39 333	- 39 333	- 39 333	- 39 333	
sur amortissement de l'option						- 4 000
Perte d'économie d'IS sur amortissement du bien ...		26 667	26 667	26 667	26 667	26 667
Total des dépenses nettes	- 282 000	105 333	105 333	105 333	- 667	22 667

Le coût du crédit-bail est la racine de l'équation :
$-\ 282\ 000 + 105\ 333 \times (1 + r)^{-1} + 105\ 333 \times (1 + r)^{-2} + 105\ 333 \times (1 + r)^{-3} - 667 \times (1 + r)^{-4} + 22\ 667\ (1 + r)^{-5} = 0$ soit $\boldsymbol{r}$ = **8,80 %**

Le coût de ce crédit-bail (8,80 %) est supérieur au coût des emprunts des exemples précédents (8 % ou 8,39 %).

B. VAN du crédit-bail

Le financement par crédit-bail est une alternative au financement par emprunt. Les flux doivent être actualisés au **taux de l'emprunt de référence** (après impôt) pour obtenir la VAN du crédit-bail.

Exemple

Calculons la VAN du crédit-bail de l'exemple précédent pour le comparer à un emprunt dont le coût après impôt est de 8 %.

La VAN du crédit-bail est :

$280\ 000 - 105\ 333 \times 1{,}08^{-1} - 105\ 333 \times 1{,}08^{-2} - 105\ 333 \times 1{,}08^{-3} + 667 \times 1{,}08^{-4} - 22\ 667 \times 1{,}08^{-5} = -\ 6\ 389$ €

La VAN de ce crédit-bail est négative, ce qui signifie que ce crédit-bail a un coût supérieur à 8 %. Ceci confirme les conclusions de l'exemple précédent.

III ▶ Analyse des décisions d'investissement et de financement

A. Méthode de la VAN ajustée

Traditionnellement, on calcule la VAN en actualisant les recettes nettes d'exploitation, en retenant le coût moyen pondéré du capital (CMPC) comme taux d'actualisation. Ce faisant, on ne distingue pas les parts respectives du risque d'exploitation et du risque financier dans la détermi-nation du coût du capital et, par suite, de la VAN.

La VAN « ajustée » est sensiblement égale à cette VAN traditionnelle mais elle est décomposée en deux parties :

– une **VAN de base** supposée *financée exclusivement par capitaux propres* ; elle n'est sensible qu'au seul risque d'exploitation ; elle mesure la valeur créée par le projet d'investissement dans l'hypothèse d'un financement intégral par capitaux propres ;

– une **VAN du financement** qui mesure le supplément de valeur résultant d'un financement mixte par capitaux propres et emprunt ou crédit-bail.

VAN ajustée = VAN de base + VAN du financement

FICHE 12

1. VAN de base

La VAN de base est obtenue en actualisant les recettes nettes d'exploitation après impôt au taux r_A requis par les actionnaires en l'absence d'endettement.

Exemple

Une entreprise étudie un projet d'investissement de même risque que ses autres actifs. Si les actifs étaient financés exclusivement par capitaux propres les actionnaires exigeraient un rendement minimal de 15 %.

Le capital investi s'élèverait à 500 000. Les recettes nettes annuelles d'exploitation après impôt seraient de 124 000 pendant les quatre premières années et de 310 000 pour la cinquième et dernière année.

$$\text{VAN de base} = -500\,000 + 124\,000 \times \frac{1 - 1{,}15^{-4}}{0{,}15} + 310\,000 \times 1{,}15^{-5} = +\mathbf{8\,142}$$

2. VAN du financement

La VAN du financement est obtenue en actualisant les flux de trésorerie induits par le mode de financement.

Dans le cas d'un financement partiel par emprunt, ces flux sont :

– la recette d'emprunt ;

– les dépenses des annuités de remboursement ;

– l'économie d'impôt résultant de la déductibilité fiscale des intérêts.

Ces flux étant certains, le taux d'actualisation est le taux r_D de l'emprunt).

Exemple

Le projet dont nous avons calculé la VAN de base est partiellement financé par un emprunt de 150 000 au taux de 12 %, amortissable en cinq fractions égales. Le taux de l'impôt sur les bénéfices est 33 1/3 %.

• Flux de trésorerie induits par l'emprunt

Années	0	1	2	3	4	5
Emprunt	150 000					
Amortissement de l'emprunt		- 30 000	- 30 000	- 30 000	- 30 000	- 30 000
Intérêts		- 18 000	- 14 400	- 10 800	- 7 200	- 3 600
Économie d'impôt = intérêts 33 1/3 % .		6 000	4 800	3 600	2 400	1 200
Flux nets	150 000	- 42 000	- 39 600	- 37 200	- 34 800	- 32 400

• VAN du financement

$150\,000 - 42\,000 \times 1{,}12^{-1} - 39\,600 \times 1{,}12^{-2} - 37\,200 \times 1{,}12^{-3} - 34\,800 \times 1{,}12^{-4} - 32\,400 \times 1{,}12^{-5} = +\mathbf{13\,952}$

• **VAN ajustée**

VAN de base + VAN du financement = 8 142 + 13 952 = **22 094**

B. Comparaison entre le coût d'un emprunt et celui d'un crédit-bail

La méthode de la VAN ajustée permet de comparer des hypothèses de financement qui diffèrent, non seulement par leur taux actuariel, mais aussi par les parts respectives des capitaux propres et de la dette dans le financement.

12 FICHE

Exemple

Reprenons l'exemple précédent d'un investissement de 500 000 partiellement financé par un emprunt de 150 000 au taux de 12 % soit un coût après impôt de 8 %. Dans ces conditions, la VAN de base s'élevait à 2 617 et la VAN du financement à 13 952, ce qui donnait une VAN ajustée de 22 094.

Étudions le financement alternatif par un crédit-bail de 400 000 dont le taux actuariel est 8,80 %.

Calcul de la VAN ajustée dans le cas du crédit-bail.

VAN de base (inchangée car indépendante du financement) 8 142

VAN du financement (au taux de l'emprunt avant impôt)

$282\,000 - 105\,333 \times 1{,}12^{-1} - 105\,333 \times 1{,}12^{-2}$

$- 105\,333 \times 1{,}12^{-3} + 667 \times 1{,}12^{-4} - 22\,667 \times 1{,}12^{-5}$ 16 569

VAN ajustée 24 711

On aurait pu croire que l'emprunt était moins coûteux (8 %) que le crédit-bail (8,80 %) ; en fait, c'est la solution du crédit-bail qui dégage la VAN la plus élevée.

Ceci s'explique car, à mesure de l'amortissement de l'emprunt, les capitaux propres, au coût bien plus élevé encore, se substituent progressivement à la dette pour assurer le financement.

Conseils

- **Ne tenir compte que des flux liés au mode de financement pour calculer le coût du financement.**
- **Inscrire la redevance de crédit-bail à la date de son décaissement (souvent début de période), mais l'économie d'IS est réalisée en fin de période.**
- **Prendre en compte dans les flux la perte d'économie d'IS réalisée sur les amortissements perdus dans le cas d'un financement par crédit-bail.**

MÉMO

Coût d'un emprunt (émis et remboursé au pair) : $i = r\,(1 - t)$

VAN ajustée = VAN de base + VAN du financement

EXERCICE 12.01

INVESTI

La société INVESTI envisage de mettre en place un projet d'investissement d'un montant de 500 000 € (amortissable en 5 ans) dont elle a estimé la rentabilité certaine. Pour financer cet investissement projeté, elle a le choix entre deux possibilités suivantes :

- emprunter un capital de 500 000 €, remboursable en 5 ans par amortissements constants ;
- le taux d'intérêt serait de 6 % et les annuités versées en fin d'année ;
- souscrire un contrat de crédit-bail pour une valeur de 500 000 €. La durée du contrat serait de 5 ans, non renouvelable, et au terme du contrat, les machines faisant l'objet du crédit-bail seraient restituées. Les loyers s'élèveraient à 110 000 € par an et versés en début d'année. L'entreprise pourrait lever l'option d'achat à la fin pour un montant de 15 000 €.

Travail à faire

1. Calculer le coût de l'emprunt :

1.1 directement ;

1.2 en identifiant les flux liés à l'emprunt.

2. Calculer le coût du crédit-bail.

3. Conclure sur le mode de financement le moins coûteux.

4. Calculer la VAN de chaque mode de financement et conclure.

5 Calculer la VAN ajustée du mode de financement par emprunt sachant que la VAN de base est de 12 000 €.

CORRIGÉ 12.01

1. Coût de l'emprunt

1.1 Calcul direct

$i = r\ (1 - t)$ soit $i = 6\ \%\ (1 - 33\ 1/3\ \%) = \mathbf{4\ \%}$

1.2 Flux liés à l'emprunt

Tableau d'amortissement de l'emprunt

	1	2	3	4	5
Capital restant dû	500 000	400 000	300 000	200 000	100 000
Intérêt à 6 %	30 000	24 000	18 000	12 000	6 000
Amortissement	100 000	100 000	100 000	100 000	100 000

Flux liés à l'emprunt

	0	1	2	3	4	5
Remboursement		100 000	100 000	100 000	100 000	100 000
Charges d'intérêts		30 000	24 000	18 000	12 000	6 000
– Économies d'impôts						
sur intérêts		- 10 000	- 8 000	- 6 000	- 4 000	- 2 000
Annuités nettes d'impôt	- 500 000	120 000	116 000	112 000	108 000	104 000

Le coût de l'emprunt i est la racine de l'équation suivante :

$500\,000 = 120\,000 \times (1 + i)^{-1} + 116\,000 \times (1 + i)^{-2} + 112\,000 \times (1 + i)^{-3} + 108\,000 \times (1 + i)^{-4} + 104\,000 \times (1 + i)^{-5}$

soit $\boldsymbol{i}$ = **4 %**

2. Coût du crédit-bail

Identifions les flux liés au crédit-bail.

	0	1	2	3	4	5	6
Loyers de crédit-bail	110 000	110 000	110 000	110 000	110 000		
- Économie sur le prix d'achat	- 500 000						
Option d'achat						15 000	
Économie d'IS à 33 1/3 %							
sur loyers : 110 000/3		- 36 667	- 36 667	- 36 667	- 36 667	- 36 667	
sur amortissement de l'option : 15 000/3							- 5 000
Perte d'économie d'IS sur amortissement du bien 500 000/5 = 100 000 soit 100 000/3		33 333	33 333	33 333	33 333	33 333	
Total des dépenses nettes	- 390 000	106 667	106 667	106 667	106 667	11 667	- 5 000

Les loyers sont positionnés en début de période et l'économie réalisée un an plus tard.

Le coût du crédit-bail est la racine de l'équation :

$-\,390\,000 + 106\,667 \times (1 + r)^{-1} + 106\,667 \times (1 + r)^{-2} + 106\,667 \times (1 + r)^{-3} - 667 \times (1 + r)^{-4} + 11\,667 \times (1 + r)^{-5} - 5\,000 \times (1 + r)^{-6} = 0$

soit $\boldsymbol{r}$ = **4,30 %**

3. Conclusion

Le coût de ce crédit-bail (4,30 %) est supérieur au coût de l'emprunt (4 %). Il faut donc préférer le financement par emprunt.

4. VAN de chaque mode de financement

VAN de l'emprunt calculée au taux de 6 % (taux de l'emprunt)

$VAN = 500\,000 - 120\,000 \times (1{,}06)^{-1} - 116\,000 \times (1{,}06)^{-2} - 112\,000 \times (1{,}06)^{-3} - 108\,000 \times (1{,}06)^{-4} - 104\,000 \times (1{,}06)^{-5}$

VAN = 26 254,54 €

VAN du crédit-bail calculée au taux de 6 % (taux de l'emprunt)

$VAN = 390\,000 - 106\,667 \times (1{,}06)^{-1} - 106\,667 \times (1{,}06)^{-2} - 106\,667 \times (1{,}06)^{-3} - 106\,667 \times (1{,}06)^{-4} - 11\,667 \times (1{,}06)^{-5} + 5\,000 \times (1{,}06)^{-6}$

VAN = 15 195,53 €

La VAN générée par l'emprunt est supérieure à celle générée par le crédit-bail. Il faut donc préférer un financement par emprunt.

5. VAN ajustée de l'emprunt

VAN ajustée = VAN de base + VAN de l'emprunt

VAN ajustée = 12 000 + 26 254,54 = 38 254,54 €.

Équilibre financier

La finance s'est toujours préoccupée de mettre en place des règles d'équilibre financier. Par ailleurs, la théorie financière a donné une réponse négative à la possibilité de trouver un niveau d'endettement optimal. En effet, la valeur de l'entreprise est indépendante de sa structure de financement.

FICHE 13

I ▶ Équilibres financiers empiriques

A. Équilibre fonctionnel

La règle d'équilibre fonctionnel (ou d'équilibre financier) a été exposée dans la fiche n° 5 : les ressources stables devraient être suffisantes pour financer les emplois stables. Elle s'exprime ainsi :

Règle d'équilibre financier :
Capitaux propres + Dettes financières > Immobilisations + composante stable du BFRE

Ainsi le ratio de couverture stable des capitaux investis permet de surveiller le respect de l'équilibre fonctionnel.

$$\frac{\textbf{Ressources stables}}{\textbf{Actifs immobilisés + BFRE}}$$

B. Liquidité et solvabilité

▶ **Liquidité du bilan**

La liquidité du bilan se définit par le fait que les actifs à moins d'un an sont supérieurs aux dettes à moins d'un an. Les dettes sont réglées avec l'encaissement des créances et la vente progressive des stocks.

▶ **Solvabilité de l'entreprise**

L'entreprise est solvable dans la mesure où l'actif réel est suffisant pour permettre de payer toutes les dettes.

▶ **Les ratios de liquidité**

Les créanciers de l'entreprise, et surtout les banques, sont attentifs à sa liquidité et à sa solvabilité. Ils veillent à ce que les ratios de liquidité et de solvabilité restent dans les limites qu'ils jugent acceptables.

– **Ratio de liquidité générale**

$$\frac{\textbf{Actifs à moins d'un an}}{\textbf{Passifs à moins d'un an}} > 1$$

– **Ratio de liquidité réduite (ou ratio de trésorerie)**

$$\frac{\textbf{Créances à moins d'un an + Disponibilités}}{\textbf{Passifs à moins d'un an}}$$

▶ **Les ratios de solvabilité**

On peut contrôler la solvabilité en étudiant les ratios ci-après :

– **Ratio d'autonomie financière**

$$\frac{\textbf{Capitaux propres}}{\textbf{Total du passif}}$$

– **Ratio de solvabilité générale**

$$\frac{\textbf{Actif}}{\textbf{Total des dettes}}$$

C. Structure de financement : réponse empirique

Les gestionnaires se posent la question de savoir s'il existe une structure de financement (c'est-à-dire un ratio $\frac{\text{Dettes}}{\text{Capitaux propres}} = \frac{D}{C}$) qui soit optimale.

▶ **Contraintes pesant sur la structure de financement**

L'endettement doit satisfaire les ratios suivants :

$$\textbf{Capacité d'endettement} = \frac{\textbf{Dettes financières}}{\textbf{CAF}} < 3$$

Indépendance de l'entreprise : le taux d'endettement financier mesure l'indépendance qui est d'autant plus élevée que le ratio est petit :

$$\frac{\textbf{Dettes financières + Soldes créditeurs de banques}}{\textbf{Capital appelé}}$$

Rentabilité des capitaux propres : (*cf.* fiche 5). L'endettement augmente la rentabilité (mais aussi le risque) des capitaux propres.

! Il n'existe aucune normalisation concernant les ratios de liquidité et de solvabilité. Leurs définitions et leurs dénominations peuvent varier suivant les banques qui les calculent.

▶ **Incidence sur les indicateurs comptables de performance**

Le niveau d'endettement a une incidence sur les indicateurs comptables de la performance. Ceci risque d'inciter à des décisions erronées sur la base d'indicateurs biaisés.

Aussi, le résultat comptable est-il inférieur quand l'entreprise se finance par endettement. (existence de charges financières).

Le bénéfice par action (BPA $= \frac{\text{Résultat de l'exercice}}{\text{Nombre d'actions}}$***) est un indicateur qui retient l'attention des investisseurs.***

La structure du financement agit sur le numérateur et sur le dénominateur du bénéfice par action : l'endettement, en minorant le résultat comptable (voir ci-dessus), réduit le numérateur du BPA ; les augmentations de capital augmentent le nombre d'actions, c'est-à-dire le dénominateur du BPA.

Le coût de la dette est un coût fixe. L'endettement augmente le seuil de rentabilité.

II ▶ Équilibre financier théorique

La question posée est celle de l'existence d'une structure financière optimale (niveau d'endettement) qui ***maximise la valeur*** *de l'entreprise et* ***minimise le coût du capital*** *(cf. fiche 14).*

A. Proposition n° 1 de Modigliani et Miller

La théorie financière et notamment Modigliani et Miller ont étudié l'existence éventuelle d'une relation entre la valeur de l'entreprise et sa structure de financement.

Dans tous les développements qui suivent dans cette fiche, on désigne par « valeur de l'entreprise (V) », la valeur de l'ensemble des capitaux propres C et des capitaux empruntés D finançant l'entreprise, soit : V = C + D.

La valeur de marché C des capitaux propres ne doit pas être confondue avec le montant des capitaux propres comptables. Elle est déterminée par les méthodes classiques d'évaluation (actualisation des profits prévisionnels, capitalisation boursière, etc.).

▶ Valeur de l'entreprise en l'absence d'imposition

La proposition 1 de Modigliani et Miller énonce que : la valeur de marché V_E d'une entreprise endettée est égale à la valeur V_N de la même entreprise supposée non endettée.

$$V_E = V_N$$

⇒ Il n'existe donc pas de structure optimale de financement.

▶ Valeur de l'entreprise en présence d'imposition

La valeur V_E de l'entreprise endettée est égale à la valeur V_N de l'entreprise non endettée, **majorée** du produit de la dette D par le taux t de l'impôt :

$$V_E = V_N + D \times t$$

⇒ En présence d'impôt, la valeur de l'entreprise endettée est égale à la valeur de l'entreprise non endettée augmentée de l'économie d'impôt réalisée sur les charges d'intérêt.

La richesse de l'entrepreneur s'accroît avec le montant de la dette.

B. Proposition n° 2 de Modigliani et Miller en l'absence d'impôt

(*cf.* fiche 14)

Le taux de rendement prévu des capitaux propres s'accroît avec le ratio d'endettement. Il comprend une prime de risque $(r_A - r_D)\frac{D}{C}$ qui rémunère le risque financier de l'entrepreneur.

Conseils

Ne pas confondre :

- **la liquidité des actifs : possibilité de les échanger rapidement contre de la monnaie ;**
- **et la liquidité du bilan : résultat d'une comparaison entre les actifs liquides et le passif exigible.**

MÉMO

Ratio de liquidité générale	$\frac{\text{Actifs à moins d'un an}}{\text{Passifs à moins d'un an}}$
Ratio de liquidité réduite (ou ratio de trésorerie	$\frac{\text{Créances à moins d'un an + Disponibilités}}{\text{Passifs à moins d'un an}}$
Ratio d'autonomie financière	$\frac{\text{Capitaux propres}}{\text{Total du passif}}$
Ratio de solvabilité générale	$\frac{\text{Actif}}{\text{Total des dettes}}$
Capacité d'endettement	$\frac{\text{Dettes financières}}{\text{CAF}} < 3$
Indépendance financière	$\frac{\text{Dettes financières + Soldes créditeurs de banques}}{\text{Capital appelé}}$

EXERCICE 13.01

Rohart

Vous disposez d'un bilan simplifié de l'entreprise Rohart au 31/12/N.

Bilan de l'entreprise Rohart

ACTIF A PLUS D'UN AN		4 000	CAPITAUX PROPRES		3 500
ACTIF A MOINS D'UN AN		2 350	DETTES A PLUS D'UN AN		800
Stocks et en-cours	570		CAPITAUX PERMANENTS		4 300
Créances à moins d'un an	1 535		DETTES A MOINS D'UN AN		2 050
Disponibilités (+ VMP)	245				
TOTAL		6 350	TOTAL		6 350

Travail à faire

1. **Calculer les ratios de liquidité.**
2. **Calculer les ratios de solvabilité.**
3. **Calculer la capacité d'endettement sachant que la CAF est de 400.**
4. **Calculer l'indépendance financière.**
5. **Conclure.**

CORRIGÉ 13.01

1. Ratios de liquidité

Ratios	Composantes	Année N
Ratios de liquidité générale	Actifs < 1 an/Dettes < 1 an	114,63 %
Ratios de liquidité réduite	Créances < 1 an/Dettes < 1 an	74,88 %

2. Ratios de solvabilité

Ratios		Année N
Ratio d'autonomie financière	Capitaux propres/Passif	55,12 %
Ratio de solvabilité générale	Actif /Dettes	222,80 %

3. Capacité d'endettement

Dettes financières/CAF = 800/400 = 2.

4. Indépendance financière

Indépendance financière = Dettes financières/Capitaux propres = 800/3 500 = 22,86 %.

5. Conclusion

La situation financière de l'entreprise Rohart est satisfaisante sur tous les points étudiés. Il faudrait cependant faire une comparaison avec les années passées.

EXERCICE 13.02

Clouet

(Il est préférable de traiter ce cas à la fin de la fiche n° 14)

Le directeur financier de la société Clouet envisage de substituer un endettement au financement par capitaux propres. À cet effet, il souhaite vérifier la proposition n° 1 de Modigliani et Miller pour apporter une réponse à cette éventualité, notamment en l'absence d'imposition.

e
x
o
s

Travail à faire

1. En l'absence d'endettement

1.1 Déterminer le taux de rendement exigé des capitaux propres sachant que le taux de rendement des actifs est de 8 %.

1.2 Calculer la valeur des capitaux propres (actualisation sur une durée infinie des flux d'exploitation de 4 M€ générés par l'entreprise) de la société Clouet.

1.3 Quelle est la valeur de l'entreprise et le coût du capital ?

2. Hypothèse d'un financement à hauteur de 20 M€ par dettes au taux de 4 %

2.1 Déterminer le taux de rendement exigé des capitaux propres.

2.2 Quel est le coût du capital ?

2.3 Conclure sur l'incidence du mode de financement sur le coût du capital.

2.4 Calculer la valeur de l'entreprise endettée.

2.5 Vérifier les propositions 1 et 2 de Modigliani et Miller en l'absence d'imposition.

CORRIGÉ 13.02

1. En l'absence d'endettement

1.1. Taux de rendement exigé des capitaux propres

Le taux de rendement r_C exigé par les actionnaires d'une société non endettée est égal au taux de rendement exigé r_A des actifs. Du point de vue de la société, il représente le **coût des capitaux propres**, car la société est contrainte de servir aux actionnaires la rémunération qu'ils exigent. Ce taux est **8 %**.

1.2. Valeur des capitaux propres

La valeur des capitaux propres est égale à la valeur des flux d'exploitation générés par l'entreprise, actualisée sur une durée infinie au taux exigé par les actionnaires.

$$V_C = \frac{4}{0{,}08} = 50 \text{ M€}$$

1.3. Valeur de l'entreprise et coût du capital

En l'absence d'endettement, la valeur de l'entreprise est égale à la valeur des capitaux propres.

$$V_E = 50 \text{ M€}$$

De même, le coût du capital se confond avec le coût des capitaux propres, soit 8 %.

2. Endettement de 20 M€

2.1. Taux de rendement exigé (ou coût) des capitaux propres

En l'absence d'impôt, on sait que (fiches n° 5 et 14) : $r_C = r_A + (r_A - r_D)\,\frac{D}{C}$

avec $\boldsymbol{r_A} = 8\ \%$ et $\boldsymbol{r_D} = 4\ \%$

Pour $D = 20$ M€ $\Rightarrow \boldsymbol{r_C} = 8\ \% + (8\ \% - 4\ \%)\,\frac{20}{50 - 20} = 10{,}67\ \%$

2.2. Coût du capital

Pour $D = 20$ M€ $\Rightarrow \boldsymbol{r_A} = 0{,}1067 \times \frac{30}{50} + 0{,}04 \times \frac{20}{50} = 8\ \%$

Le coût du capital est indépendant de la structure de financement.

2.3. Conclure

Le coût du capital n'est pas modifié par un endettement de l'entreprise. En effet, il ne dépend que du taux de rendement exigé des actifs qui est lui-même indépendant de la structure de financement.

2.4. Valeur des capitaux propres

La valeur des capitaux propres peut être retrouvée en actualisant les flux d'exploitation diminués des charges financières de l'emprunt, au taux de rendement exigé des capitaux propres.

Pour $D = 20$ M€ $\Rightarrow C = \frac{4 - 4\ \% \times 20}{0{,}1067} = 30$ M€

2.5. Vérification des propositions de Modigliani et Miller

- Proposition 1 de Modigliani et Miller (en l'absence d'imposition) :

Valeur de l'entreprise non endettée = 50 M€ (réponse 1.3)

Valeur de l'entreprise endettée = valeur des capitaux propres + dettes

= 20 + 30 ou 30 + 20 = 50 M€ (réponse 2.4)

La *proposition 1* ou propriété de neutralité est donc vérifiée : en l'absence d'imposition, la valeur d'une entreprise endettée est égale à celle d'une entreprise non endettée.

- Proposition 2 de Modigliani et Miller (cf. fiche 14)

Nous avons vérifié (réponse 2.2) que le coût moyen pondéré du capital est indépendant de la structure de financement.

exos

Coût du capital

FICHE 14

La politique d'investissement repose sur l'utilisation d'un taux d'actualisation pour déterminer la création de valeur consécutive à la mise en place d'un nouveau projet. Le taux retenu est le taux de rentabilité exigé par l'entreprise. Il est appelé coût du capital.

I ▶ Définition et formule

A. Définition

Le coût du capital est la moyenne arithmétique pondérée des diverses sources de financement utilisées par l'entreprise.

B. Formule

Désignons par :

CMP le coût du capital

r_C le coût des capitaux propres ou taux de rentabilité exigé par les actionnaires

C le montant des capitaux propres (valeur de marché = valeur boursière)

r_D le coût des dettes financières après impôt

D le montant des dettes (valeur de marché des dettes financières)

$$\text{CMP} = r_C \frac{C}{C + D} + r_D \frac{D}{C + D}$$

Il faut utiliser les valeurs de marché représentatives du capital investi à un moment donné et non les valeurs comptables.
La formule est la relation d'équilibre des taux de rendement (cf. fiche n° 6).

Pour qu'un projet soit rentable, il faut que le taux de rentabilité égale au moins le coût du capital (*cf.* fiches 10).

C. Utilisation de la formule

Cette formule est utilisable pour actualiser un investissement si celui-ci ne modifie pas le risque d'exploitation de l'entreprise ni la structure de financement.

Dans le cas contraire (existence d'un risque d'exploitation ou modification de la structure de financement), il faut déterminer un coût moyen pondéré spécifique à cette hypothèse.

Nous venons de voir que le coût du capital est une moyenne entre le coût des capitaux propres et le coût des dettes. Étudions ces *deux facteurs du coût du capital*.

II ▶ Coût des capitaux propres

A. Définition

Le manque à gagner subi par les apporteurs de capitaux du fait de leur renonciation aux autres possibilités de placements représente le coût des capitaux propres. C'est un *coût d'opportunité*. On appelle « *coût d'opportunité* » d'une décision, le profit que l'on aurait pu obtenir en prenant une décision différente.

Le coût des capitaux propres est égal au taux de rentabilité requis par les actionnaires de l'entreprise. L'évaluation du coût des capitaux propres peut être approchée par le modèle de Gordon-Shapiro.

14 FICHE

B. Modèle de Gordon-Shapiro

▶ Concept

Le modèle de Gordon-Shapiro repose sur l'hypothèse d'une croissance régulière du dividende à un taux annuel constant (inférieur au coût des capitaux propres). Cette hypothèse suppose que, chaque année, une fraction constante du bénéfice soit mise en réserves et réinvestie dans l'entreprise. Ces investissements accroîtront le bénéfice de l'année suivante et ainsi de suite.

Le cours de l'action est égal à la valeur actualisée de la suite infinie des dividendes futurs qu'il est prévu de verser à l'actionnaire. Le taux d'actualisation représente le coût d'opportunité des capitaux propres.

▶ Calcul

En désignant par C .... la valeur actuelle des capitaux propres
i .... le coût des capitaux propres
g .... le taux de croissance des dividendes (avec $g < i$)
d_1 .... le dividende de rang 1

Le coût des capitaux propres i est obtenu à partir de cette formule :

$$\boldsymbol{i = \frac{d_1}{C} + g}$$

! Le problème de l'estimation du taux de croissance des dividendes se pose. Il est possible d'extrapoler les tendances passées.

III ▶ Coût des dettes

Consulter la fiche 12.

Consulter la fiche 12.

IV ▶ Proposition 2 de Modigliani et Miller

La proposition 2 de Modigliani et Miller énonce que *le rendement prévu des capitaux propres d'une entreprise endettée augmente proportionnellement au ratio* $\frac{D}{C}$.

14 FICHE

A. Rendement moyen pondéré du capital

Désignons le taux de rendement des actifs économiques par r_A et le taux de rendement des capitaux propres par r_C .

On a vu (*cf.* fiche 5 : relation d'équilibre des taux de rendement) que, en l'absence d'impôt :

$$r_A = r_C \frac{C}{C+D} + r_D \frac{D}{C+D}$$

Le taux de rendement moyen pondéré du capital est égal au taux de rendement des actifs économiques. Il est donc indépendant de la structure de financement.

B. Rendement des capitaux propres

On a vu (*cf.* fiche nº 6 : formule de calcul de l'effet de levier financier) que, en l'absence d'impôt :

$$r_C = r_A + (r_A - r_D) \frac{D}{C}$$

Le taux de rendement prévu des capitaux propres s'accroît avec le ratio d'endettement. Il comprend une prime de risque $(r_A - r_D) \frac{D}{C}$ qui rémunère le risque financier de l'entrepreneur.

! Dans une entreprise non endettée et donc entièrement financée par des capitaux propres, le taux de rendement r_A des actifs économiques est égal au taux de rendement r_C des capitaux propres. (cf. fiche nº 6).

V ▶ Coût des capitaux propres en présence d'imposition

Le taux de rendement requis des capitaux propres de l'entreprise endettée (ou *coût des capitaux propres*) peut être déterminé en fonction du taux de rendement après impôt r_A requis des actifs économiques de l'entreprise non endettée, ou, ce qui revient au même, en fonction du coût des capitaux propres de l'entreprise non endettée.

Exemple

La société Dutaux envisage de réaliser un projet A. Cette société a son capital divisé en 20 000 actions cotées 300 €. Ses dettes s'élèvent à 4 000 000 €. Leur taux d'intérêt est égal au taux sans risque de 6 %. Le taux de l'impôt sur les bénéfices est 33 1/3 %. Le taux de rendement requis pour le projet A, s'il était entièrement financé par capitaux propres, serait : r_A = 16,80 %.

La valeur de marché des capitaux propres est : 20 000 × 300 € = 6 000 000 €.

Le coût des capitaux propres de l'entreprise, compte tenu de l'endettement, est :

$$r_C = r_A + (1 - t)(r_A - r_D) \frac{D}{C} =$$

$$16{,}80\,\% + (1 - 33\ 1/3\,\%) \times (16{,}80\,\% - 6\,\%) \frac{4\,000\,000}{6\,000\,000} = 21{,}60\,\%.$$

VI ▶ Coût du capital en présence d'imposition

La relation qui lie le coût moyen pondéré du capital de l'entreprise endettée et non endettée est la suivante :

Désignons par CMP_e le coût du capital de l'entreprise endettée et CMP_{ne} le coût du capital de l'entreprise non endettée, on a :

$$CMP_e = CMP_{ne} \times \left(1 - t \times \frac{D}{C + D}\right).$$

Le coût moyen pondéré du capital de l'entreprise endettée baisse avec le niveau d'endettement.

Exemple

Calculons le CMP de la société Dutaux (r_A = 16,8 %) pour différents niveaux d'endettement

$\frac{D}{C+D}$	0 % non endettée	20 %	**40 %**	60 %	80 %	100 %
$r_c = 16{,}8\,\% + (1 - 33\ 1/3\,\%)\ (16{,}8\,\% - 6\,\%)\ \frac{D}{C}$	16,80 % $= r_A$	18,6 %	**21,6 %**	27,6 %	45,6 %	infini
$k = r_c \times \frac{C}{C+D} + 6\,\%\ (1 - 33\ 1/3\,\% \times \frac{D}{C+D}$	16,80 %$= r_A$	15,68 %	**14,56 %**	13,44 %	12,3 %	11,2 % = r_A (1 - 33 1/3 %)

Le CMPC décroît quand l'endettement s'accroît.

Conseils

- **Ne pas confondre coût du capital et coût des capitaux propres.**
- **Ne pas confondre coût du capital (taux de rentabilité *exigé* par les investisseurs) et taux de rentabilité des actifs économiques (rentabilité *obtenue*).**

MÉMO

Coût du capital	$CMP = r_C \frac{C}{C + D} + r_D \frac{D}{C + D}$
Coût des capitaux propres	$i = \frac{d_1}{C} + g$
Coût du capital de l'entreprise endettée	$CMP_e = CMP_{ne} \times \left(1 - t \times \frac{D}{C + D}\right).$

EXERCICE 14.01

Rando

L'action de l'entreprise Rando est cotée 250 €. Elle envisage de distribuer 40 € de dividendes l'année suivante puis les dividendes croîtront de 5 % par an au cours des années suivantes.

Par ailleurs, les dettes financières ont un taux moyen de 12 % avant impôt. On retiendra un taux d'IS de 33 1/3 %.

Travail à faire

1. **Déterminer le coût des capitaux propres.**
2. **Déterminer le coût de la dette.**
3. **Déterminer le coût du capital sachant que les capitaux propres s'élèvent à 5 000 € et les dettes à 3 000 €.**

e x o s

CORRIGÉ 14.01

1. Coût des capitaux propres

$$i = \frac{d_1}{C} + g$$

$$i = \frac{40}{250} + 0{,}05 = \mathbf{0{,}21 \text{ soit } 21\ \%}$$

2. Coût des dettes

$$\mathbf{12\ \%\ (1 - 33\ 1/3\ \%) = 8\ \%.}$$

3. Coût du capital

$$\text{CMP} = r_C \frac{C}{C + D} + r_D \frac{D}{C + D}$$

$$\text{CMP} = \mathbf{21\ \%} \times \frac{5\,000}{5\,000 + 3\,000} + \mathbf{8\ \%} \times \frac{3\,000}{5\,000 + 3\,000} = \mathbf{16{,}125\ \%}$$

EXERCICE 14.02

Clouet

Reprendre le texte de l'exercice 13.02 mais dans l'hypothèse d'une imposition à 33 1/3 % et d'un endettement de 20 M€ et de 30 M€.

Travail à faire

1. **Déterminer le coût des capitaux propres.**
2. **Calculer le coût moyen pondéré du capital.**
3. **Vérifier la relation qui lie le coût du capital de l'entreprise endettée au coût du capital de l'entreprise non endettée.**
4. **Quelle est la valeur de l'entreprise endettée ?**

CORRIGÉ 14.02

1. Coût des capitaux propres

$$r_C = r_A + (1 - t)(r_A - r_D)\,\frac{D}{C}$$

si D = 30 M€ $\Rightarrow \boldsymbol{r_C} = 8\ \% + (1 - 0{,}33\ 1/3)\ (8\ \% - 4\ \%)\ \dfrac{30}{50 - 30} = 12\ \%$

si D = 20 M€ $\Rightarrow \boldsymbol{r_C} = 8\ \% + (1 - 0{,}33\ 1/3)\ (8\ \% - 4\ \%)\ \dfrac{20}{50 - 20} = 9{,}78\ \%$

On constate en observant la formule que le taux de rendement exigé des capitaux propres s'accroît avec le ratio d'endettement D/C.

2. Coût moyen pondéré du capital

$$\boldsymbol{k = r_C \frac{C}{C + D} + r_D\,(1 - t)\,\frac{D}{C + D}}$$

Pour D = 20 M€ $\Rightarrow \boldsymbol{k} = 0{,}0978 \times \dfrac{30}{50} + 0{,}04\ (1 - 0{,}33\ 1/3)\ \dfrac{20}{50} = 6{,}93\ \%$

Pour D = 30 M€ $\Rightarrow \boldsymbol{k} = 0{,}12\ \dfrac{20}{50} + 0{,}04\ (1 - 0{,}33\ 1/3)\ \dfrac{30}{50} = 6{,}40\ \%$

On constate que le coût moyen pondéré du capital de l'entreprise endettée à hauteur de 30 M€ est plus faible que celui de l'entreprise endettée à hauteur de 20 M€.

3. Relation entre les coûts respectifs du capital de l'entreprise endettée et non endettée

Coût du capital de l'entreprise non endettée = 8 % (réponse 1.2 exercice 13.02)
Coût du capital de l'entreprise endettée à hauteur de 20 M€ = 6,93 %
Coût du capital de l'entreprise endettée à hauteur de 30 M€ = 6,40 %
Le coût du capital k de l'entreprise endettée est lié au coût du capital r_A de l'entreprise non endettée par la relation :

$$k = r_A\left(1 - t\frac{D}{C+D}\right)$$

► **Vérification**

k = 8 % (1 – 0,33 1/3 × 20/50) = 6,93 %
k = 8 % (1 – 0,33 1/3 × 30/50) = 6,40 %

4. Valeur de l'entreprise endettée

La valeur V_E de l'entreprise endettée est égale à la valeur V_N de l'entreprise non endettée, majorée du produit de la dette D par le taux t de l'impôt :

$$\boldsymbol{V_E = V_N + D \times t}$$

Pour D = 20 M€ $\Rightarrow V_E$ = 50 + 20 × 0,33 1/3 = 56 2/3 M€
Pour D = 30 M€ $\Rightarrow V_E$ = 50 + 30 × 0,33 1/3 = 60 M€

Plan de financement

Dès que les décisions d'investissement et de financement sont prises, l'entreprise doit construire un plan de financement afin de déterminer quelles ressources financières vont être nécessaires.

I ▶ Définition et utilisation

Le plan de financement est un document prévisionnel qui permet d'étudier sur une période de 3 à 5 ans, les conséquences financières des décisions d'investissement et de financement sur la trésorerie de l'entreprise. Il inventorie les emplois et les ressources annuelles.

Le plan de financement est :

- un outil de contrôle de la cohérence de la stratégie décidée et mise en œuvre ;
- un outil de négociation auprès des banques sollicitées. Pour cela, il doit être équilibré.

II ▶ Le modèle définitif

Aucun modèle de présentation de plan de financement n'est obligatoire. On peut s'inspirer du modèle de tableau de financement du PCG ou d'un autre modèle de tableau de flux (*cf.* fiches 8 et 9). Dans tous les cas, le document boucle sur la trésorerie en fin de période.

	Année 1	Année 2	Année 3	Année 4
Trésorerie initiale		X	Y	Z
Ressources CAF Cessions d'actifs Augmentation de capital Emprunts à long et moyen terme Subventions d'investissement Diminution du BFRE				
Total des ressources				
Emplois Acquisitions Dividendes Remboursement d'emprunt Augmentation du BFRE				
Total des emplois				
Trésorerie finale	X	Y	Z	

III ▶ Les postes du plan de financement

A. L'évaluation des ressources

▶ **CAF**

La CAF est déterminée à partir de comptes de résultat prévisionnels et souvent à partir du chiffre d'affaires selon la démarche suivante :

CA × taux de marge sur coût variable – charges d'exploitation fixes décaissables ⟹ Résultat d'exploitation ⟹ (résultat d'exploitation – dotations aux amortissements) × (1 – taux de l'IS) ⟹ Résultat après IS + dotations aux amortissements ⟹ **CAF**

Si l'entreprise fait appel à des emprunts pour équilibrer le plan de financement, il faudra prendre en compte l'incidence des dettes sur la CAF (charges financières nettes d'IS).

- Cessions d'actifs :Les cessions doivent être estimées à leur valeur la plus probable compte tenu du marché.
- Augmentations de capital : elles sont retenues pour leur montant libéré après déduction des frais d'émission.
- Emprunts à moyen et long terme : les emprunts obligataires concernent les fonds collectés, soit au prix d'émission diminués des frais d'émission.
- Diminution du BFRE : le BFRE est évalué selon la méthode normative décrite dans la fiche n° 11. On calcule ainsi les BFRE annuels prévisionnels. Il s'agit ensuite de déterminer la variation annuelle du BFRE et de repérer si elle constitue un besoin (cas d'une augmentation) ou une ressource (cas d'une diminution).

En général, les éléments hors exploitation constituant le BFRHE ne sont pas pris en compte car résultants souvent d'éléments exceptionnels et imprévisibles.

B. L'évaluation des emplois

- Acquisitions : les investissements sont évalués en montant hors taxes.
- Augmentation du BFRE : on positionne dans les emplois les variations du BFRE lorsqu'elles augmentent (*cf. supra* diminution du BFRE).

C. Le positionnement des postes

Les intitulés des colonnes correspondent en fait à la fin d'une année. Les flux sont supposés être positionnés en fin d'année.

Cependant, quelques précautions doivent être prises pour certains postes d'emplois :

- une acquisition d'immobilisation (réalisée en n) sera placée de préférence en fin de période précédente (n-1), dans le but de lui trouver des sources de financement en temps voulu ;
- l'augmentation du BFRE calculée sur l'année n devra faire l'objet d'un financement en début de période. En conséquence, le montant figurera en n-1.

IV ▶ Les étapes de la construction

Le plan de financement est construit en plusieurs étapes.

A. Ébauche (première étape)

À partir d'une prévision d'activité, on détermine les besoins à financer par les ressources ordinaires (CAF, cessions, dégagement de BFR). On obtient ainsi un plan déséquilibré.

FICHE 15

B. Équilibre (deuxième étape)

L'ébauche de plan montre que des ressources manquent à l'équilibre. Il faut donc *ajouter* d'autres ressources : apport en capital, emprunt, subvention.

C. Remise en cause de l'équilibre (troisième étape)

Mais ces ressources vont induire des modifications du plan de financement qui peuvent en compromettre l'équilibre :

- dividendes consécutifs à l'augmentation de capital ;
- remboursements et intérêts consécutifs aux emprunts contractés ; et ainsi de suite jusqu'à ce qu'un équilibre satisfaisant soit trouvé.

Les concours bancaires n'apparaissent pas dans le plan de financement. Ils seront pris en compte dans une étude à court terme de la trésorerie (*cf.* fiche 16).

Conseils

- **Ne pas confondre plan de financement (document prévisionnel) et tableau de financement (document établi à partir de périodes antérieures).**
- **Positionner les montants dans les bonnes colonnes : anticiper un déboursement dû à des acquisitions d'immobilisations et une augmentation du BFRE en le portant une période plus tôt.**

MÉMO

▶ Première étape : l'ébauche

Prise en compte des financements d'origine interne en ressources (CAF).

Identification chiffrée des emplois.

▶ Deuxième étape : l'ajustement

Appel à des sources de financement externes pour la recherche d'un plan équilibré.

Chiffrage de l'incidence des modes de financement sur la CAF.

EXERCICE 15.01

Mini cas Cafi

L'entreprise Cafi envisage de mettre en place un projet d'investissement et le plan de financement qui l'accompagne. Pour cela, elle souhaite évaluer les CAF prévisionnelles générées par le projet.

Travail à faire

1. **Calculer les CAF prévisionnelles avant prise en compte du mode de financement.**
2. **Calculer les CAF prévisionnelles après prise en compte du mode de financement.**
3. **Calculer la variation du BFRE sur les 5 années.**

Annexe 1

Le chiffre d'affaires de la première année est estimé à 60 000 € puis il augmentera chaque année de 10 % et cela pendant 4 années. La marge sur coût variable sera de 70 %. Les charges fixes s'élèveront à 10 000 € hors amortissements. Les amortissements annuels seront de 8 000 €.

Annexe 2

L'investissement pourrait être financé par emprunt pour 20 000 €, remboursable par amortissements constants en 5 ans. Le taux de l'emprunt serait de 7 %.Un autre matériel fera l'objet d'un contrat de location-financement sur une durée de 3 ans. Les loyers sont payables d'avance et s'élèvent à 8 000 € par an.

Annexe 3

Le BFRE prévisionnel a été estimé à 72 jours de CAHT.

CORRIGÉ 15.01

1. CAF avant prise en compte du mode de financement

CAF prévisionnelle		1	2	3	4	5
Chiffre d'affaires		60 000	66 000	72 600	79 860	87 846
Charges variables		- 42 000	- 46 200	- 50 820	- 55 902	- 61 492
Charges fixes		- 10 000	- 10 000	- 10 000	- 10 000	- 10 000
DAP		- 8 000	- 8 000	- 8 000	- 8 000	- 8 000

CAF prévisionnelle		1	2	3	4	5
Résultat avant IS		0	1 800	3 780	5 958	8 354
IS à 33 1/3 %		0	- 600	- 1 260	- 1 986	- 2 785
Résultat après IS		0	1 200	2 520	3 972	5 569
DAP		8 000	8 000	8 000	8 000	8 000
CAF prévisionnelle		8 000	9 200	10 520	11 972	13 569

2. CAF après prise en compte du mode de financement

Tableau d'amortissement de l'emprunt

		1	2	3	4	5
Capital restant dû en début de période		20 000	16 000	12 000	8 000	4 000
Intérêt		1 400	1 120	840	560	280
Amortissement		4 000	4 000	4 000	4 000	4 000
Capital restant dû en fin de période		16 000	12 000	8 000	4 000	0

		1	2	3	4	5
CAF prévisionnelle		8 000	9 200	10 520	11 972	13 569
Charges financières		- 1 400	- 1 120	- 840	- 560	- 280
Eco d'IS sur charges financières		467	373	280	187	93
Loyer location-financement		- 8 000	- 8 000	- 8 000		
Eco d'IS sur loyer location-financement		2 667	2 667	2 667		
Nouvelle CAF		1 733	3 120	4 627	11 599	13 383

3. Variation du BFRE

		1	2	3	4	5
Chiffre d'affaires		60 000	66 000	72 600	79 860	87 846
BFRE = CA × 75 jours/360		12 500	13 750	15 125	16 638	18 301
Variation du BFRE		12 500	1 250	1 375	1 513	1 664

Cette variation devra être positionnée en fin de période précédente pour que son financement soit prévu.

EXERCICE 15.02

Défi

La société Défi veut réaliser un programme d'investissement important en début d'année N. Elle projette de le financer par augmentation de capital et par emprunt.

Travail à faire

1. **Établir le plan de financement avant prise en compte des modes de financement.**
2. **Établir le plan de financement après prise en compte des modes de financement.**
3. **Commenter le plan de financement définitif.**

Annexe 1

La CAF avant prise en compte du mode de financement serait constante et égale à 20 000 € pendant les 5 années à venir.

L'entreprise envisage de céder une machine pour un montant de 10 000 €. Le nouvel investissement coûtera 60 000 €.Le BFRE lié à ce nouveau projet a été évalué à 1 500 € la première année et il ne devrait pas varier au cours des 5 années.La trésorerie initiale disponible s'élève à 12 000 €

Annexe 2

Les modalités de financement sont les suivantes :
- emprunt remboursable à la fin de la cinquième année, taux 8 %, montant : 20 000 €.
- augmentation de capital de 20 000 €, dividendes annuels de 1 000 €.

CORRIGÉ 15.02

1. Plan de financement avant mise en place des modes de financement

Plan de financement (étape 1)						
	0	1	2	3	4	5
Trésorerie initiale	**12 000**	**– 39 500**	**– 19 500**	**500**	**20 500**	**40 500**
Ressources						
CAF		20 000	20 000	20 000	20 000	20 000
Total des ressources	**10 000**	**20 000**	**20 000**	**20 000**	**20 000**	**20 000**
Emplois						
Acquisitions	60 000					
Augmentation du BFRE	1 500	0	0	0	0	
Total des emplois	**61 500**	**0**	**0**	**0**	**0**	**0**
Trésorerie finale	**– 39 500**	**– 19 500**	**500**	**20 500**	**40 500**	**60 500**

Calcul de la variation du BFRE		1	2	3	4	5
BFRE		1 500	1 500	1 500	1 500	1 500
Variation du BFRE		1 500	0	0	0	0

2. Plan de financement après mise en place des modes de financement

Plan de financement (étapes 2 et 3)						
	0	1	2	3	4	5
Trésorerie initiale	**12 000**	**500**	**19 433**	**37 367**	**55 300**	**73 233**
Ressources						
CAF		18 933	18 933	18 933	18 933	18 933
Cessions d'actifs	10 000					
Augmentation de capital	20 000					
Emprunt à long et moyen terme	20 000					
Total des ressources	**50 000**	**18 933**	**18 933**	**18 933**	**18 933**	**18 933**
Emplois						
Acquisitions	60 000					
Dividendes			1 000	1 000	1 000	1 000
Remboursement d'emprunt						20 000
Augmentation du BFRE	1 500	0	0	0	0	
Total des emplois	**61 500**	**0**	**1 000**	**1 000**	**1 000**	**21 000**
Trésorerie finale	**500**	**19 433**	**37 367**	**55 300**	**73 233**	**71 167**

Les dividendes consécutifs à l'augmentation de capital seront versés avec un décalage d'une année.
La CAF est modifiée en raison de l'incidence des modes de financement

		1	2	3	4	5
CAF avant financement		20 000	20 000	20 000	20 000	20 000
Charges financières		- 1 600	- 1 600	- 1 600	- 1 600	- 1 600
Eco d'IS sur charges financières		533	533	533	533	533
Nouvelle CAF		18 933	18 933	18 933	18 933	18 933

3. Conclusion

Le plan de financement est parfaitement équilibré. La trésorerie s'améliore régulièrement au fil du temps.

Modalités d'équilibrage de la trésorerie

L'activité d'exploitation génère des besoins que l'entreprise doit financer. Elle établit alors un plan de trésorerie et s'assure de son équilibrage en faisant appel à des sources de financement à court terme et en plaçant les excédents. L'objectif est de parvenir à une « trésorerie zéro ».

I ▶ Le budget de trésorerie

A. La préparation du budget de trésorerie

Le budget de trésorerie s'insère dans la procédure budgétaire. Les prévisions de trésorerie annuelles, avec un découpage mensuel, sont la résultante des différents budgets.

L'élaboration du budget de trésorerie commence par la préparation d'un budget des recettes mensuelles (encaissements) et d'un budget des dépenses mensuelles (décaissements). Ces deux budgets sont ensuite regroupés dans un budget général de trésorerie.

B. Les étapes de la construction du budget de trésorerie

Le budget de trésorerie s'établit à partir des étapes suivantes :

- le budget des encaissements,
- le budget des décaissements,
- le budget de TVA dont les soldes mensuels figurent dans le budget des décaissements.

Le budget de trésorerie reprend la trésorerie initiale et les totaux des budgets des encaissements et des décaissements.

Budget général de trésorerie

	Janvier	Février	Mars	etc...
Total des encaissements				
Total des décaissements				
Encaissements – Décaissements				
Trésorerie début de mois		X	Y	Z
Trésorerie fin de mois	X	Y	Z	

⚠ Le plus souvent, le budget de trésorerie est déséquilibré. La prévision fait ressortir des soldes négatifs ou positifs. Les montants négatifs peuvent être couverts par des découverts bancaires ou par la négociation d'effets de commerce. Les excédents font l'objet de placement. L'équilibrage du budget de trésorerie s'impose. Il suppose une maîtrise des calculs des coûts des modes de financement à court terme.

II ▶ Le coût des sources de financement à court terme

A. Le coût de l'escompte

▶ Définition

L'escompte des effets de commerce est une opération de crédit par laquelle une banque avance à une entreprise le montant d'une créance détenue par cette dernière. La créance est représentée par un effet de commerce (lettre de change mais aussi billet à ordre ou warrant).

▶ Taux d'intérêt nominal

Le taux d'intérêt nominal est le taux annoncé lors des négociations avec la banque.

Le taux d'intérêt nominal est fixé en fonction du taux de base bancaire (TBB), de l'EURIBOR ou de l'EONIA. Le taux de base subit une majoration variable selon le type de crédit et la qualité du client (la majoration appliquée selon la qualité du client est appelée prime de risque).

Exemple

Taux d'escompte = Taux de base bancaire + Majoration propre à l'escompte + Prime de risque

Le taux d'intérêt nominal sert à calculer les intérêts prélevés par la banque.

Soit

I, l'intérêt,

C, le capital prêté,

t, le taux d'intérêt relatif à l'unité de temps,

n, la durée du prêt, mesurée avec la même unité de temps,

l'intérêt est égal à :

$$I = C \times t \times n$$

▶ Taux d'intérêt réel ou coût du crédit

Le taux réel du crédit est le taux d'intérêt qui mesure le coût effectif du crédit. Il inclut toutes les majorations qui s'ajoutent au taux d'intérêt nominal et qui résultent de certaines pratiques bancaires (jours de valeur, année bancaire, jours de banque, commissions diverses ...).

Les agios retenus par la banque comprennent des intérêts et des commissions.

Désignons par A .... le montant des agios ;

E .... le montant net de l'effet escompté ;

n .... le nombre de jours ;

i .... le taux annuel réel de l'escompte.

On détermine i à l'aide de la formule suivante :

$$A = E \times n \times \frac{i}{365}$$

16 FICHE

B. Le coût du découvert

▶ Définition

Le découvert est destiné à faire face à des besoins renouvelés plusieurs fois dans l'année mais sans qu'il y ait une périodicité régulière. Il se manifeste par un solde débiteur, sur le compte courant bancaire de l'entreprise.

▶ Coût du découvert

- **Intérêts prélevés par la banque (intérêts débiteurs)**

Pour calculer les intérêts prélevés par la banque, on applique la formule traditionnelle du calcul des intérêts : $I = \frac{Ctn}{36\ 000}$

- **Taux réel du découvert**

Des commissions sont appliquées au découvert par la banque. La plus courante est celle du plus fort découvert (0,05 % du plus fort découvert du mois). La démarche de détermination du taux réel est identique à celle de l'escompte.

Intérêts précomptés. Les intérêts sont dits précomptés, lorsqu'ils sont versés à l'avance, lors de la souscription du crédit. Ils contribuent à alourdir la charge de l'entreprise.

C'est le cas, notamment, pour les agios et commissions d'escompte qui sont décomptés au moment même de la remise de l'effet. L'entreprise ne reçoit que le montant net de l'effet.

Intérêts post-comptés. Les intérêts sont post-comptés lorsqu'ils sont versés à la fin de la période pour laquelle le taux a été défini. C'est le cas, notamment, du découvert bancaire pour lequel les agios sont prélevés à la fin de chaque trimestre.

III ▶ Le plan de trésorerie

Le budget de trésorerie fait apparaître les soldes en fin de mois qui témoignent :

- des insuffisances de trésorerie,
- ou des excédents.

On établit le **plan de trésorerie** en procédant à des ajustements pour résorber ces soldes. L'objectif est de parvenir à une « trésorerie zéro ».

A. La résorption des insuffisances de trésorerie

Les insuffisances de trésorerie conduisent l'entreprise à chercher des moyens de financement à court terme. Elle devra donc payer des agios qui seront pris en compte dans le plan de trésorerie.

Les sources de financement à court terme les plus souvent utilisées sont l'escompte et le découvert bancaire.

B. Le placement des excédents de trésorerie

Le trésorier doit chercher les placements les plus rentables et présentant le moins de risques pour l'entreprise. Les produits financiers générés par ces placements doivent être intégrés dans le plan de trésorerie.

IV ▶ Le tableau de suivi de la trésorerie

A. Les dates de valeur et les jours de valeur

Les prévisions de trésorerie doivent tenir compte des dates de valeur afin d'éviter des agios inutiles et coûteux.

▶ Dates de valeur

Les dates de valeur sont les dates effectivement prises en compte par la banque pour le calcul des intérêts débiteurs. Les opérations effectuées par une entreprise avec sa banque sont enregistrées en comptabilité à leur date réelle nommée *date d'opération* et par la banque à une date différente, nommée *date de valeur*.

▶ Jours de valeur

Les jours de valeur correspondent au temps écoulé entre la date à laquelle une opération de débit ou de crédit est effectuée et la date à laquelle cette opération est prise en compte par la banque, c'est-à-dire sa date de valeur.

▶ Jour calendrier, jour ouvré, heure de caisse

Jour calendrier : la banque retient tous les jours du calendrier, y compris les jours de fermeture de la banque.

Les jours ouvrés sont les jours pendant lesquels l'ordinateur de compensation fonctionne (du lundi au vendredi).

L'heure de caisse est l'heure à laquelle se termine la journée bancaire.

B. La fiche de suivi de trésorerie

Le trésorier établit pour **chaque banque** un **tableau de suivi de trésorerie**. Sur ce document, chaque opération de trésorerie (recettes ou dépenses) est imputée en **date de valeur**, en appliquant les décalages estimés ci-dessus entre les opérations et leur prise en compte par la banque.

Exemple

L'entreprise Diva, dont l'activité est commerciale, établit le tableau de suivi de trésorerie pour les opérations réalisées avec la banque A, pour la période du lundi 10 janvier au dimanche 16 janvier.

Les petits chèques émis le lundi sont envoyés aux fournisseurs. Une étude statistique révèle que 10 % d'entre eux sont débités 2 jours après l'émission, 80 % d'entre eux 4 jours après l'émission et les 10 % restants 6 jours après. Le chèque émis le lundi et destiné à un fournisseur important sera vraisemblablement débité 3 jours après l'émission.

▶ **Tableau de suivi de la trésorerie**

Mouvements	**Lundi 10/1**	**Mardi 11/1**	**Merc. 12/1**	**Jeudi 13/1**	**Vend. 14/1**	**Sam. 15/1**	**Dim. 16/1**
Solde initial							
Recettes							
Espèces		10 500	12 000	14 000	9 800	12 000	15 000
Chèques sur place				20 500	22 000		
Chèques hors place							10 000
Effets							
Virements reçus							
Cartes bancaires				25 000	22 000	24 000	20 000
Total des recettes	0	10 500	12 000	59 500	53 800	36 000	45 000
Dépenses							
Petits chèques			2 000		16 000		2 000
Gros chèques				45 000			
Virements émis							
Domiciliations							
Total des dépenses			2 000	45 000	16 000		2 000
Solde provisoire	0	0	10 000	14 500	37 800	36 000	43 000
Décisions							
Placements							
Escompte							
Agios							
Virement interbancaire							
Solde définitif							

Conseils

- **Retenir pour le calcul des agios, une année de 360 jours (ce qui est tout à l'avantage de la banque) mais pour le calcul du taux réel de crédit, il faut retenir l'année normale de 365 jours (ou 366 jours dans le cas d'une année bissextile).**
- **Calculer la commission du plus fort découvert sur le plus fort découvert du mois mais pas *prorata temporis*.**

MÉMO

Intérêts	*C* est le capital prêté *t* le taux d'intérêt relatif à l'unité de temps *n* la durée du prêt mesurée avec la même unité de temps *I* le montant des intérêts	$I = C \times t \times n$
Agios	*A* le montant des agios *E* le montant net de l'effet escompté *n* le nombre de jours *i* le taux annuel réel de l'escompte	$A = E \times n \times i$

exos

EXERCICE 16.01

Découv

L'entreprise Découv s'interroge sur les modalités de son financement à court terme. Elle a négocié auprès de sa banque les conditions suivantes :

▶ **Escompte**

- taux d'escompte : 9,5 %
- commission d'endos : 0,60 %
- commission de manipulation : 0,60 € par effet (LCR magnétique)
- un jour de banque est appliqué.
- effet remis à l'escompte : 1 jour de valeur
- effet remis à l'encaissement : 1 jour de valeur

▶ **Découvert**

- taux du découvert : 13 %
- commission du plus fort découvert : 0,05 %

Le déficit de trésorerie de 40 000 € apparaîtrait le 15 février et ceci jusqu'au 18 mars. L'entreprise dispose d'effets en portefeuille dont les caractéristiques sont les suivantes :

- effet à échéance du 20 mars d'un montant de 14 000 € ;
- effet à échéance du 31 mars d'un montant de 26 000 € ;
- effet à échéance du 2 avril d'un montant de 5 000 €.

Travail à faire

1. **Déterminer le coût réel de l'escompte si l'on recourait à ce financement pour résorber le déficit de trésorerie.**
2. **Déterminer le coût réel du découvert si l'on recourait à ce financement pour résorber le déficit de trésorerie.**
3. **Envisager une troisième solution, en renonçant à l'escompte du dernier effet et en recourant au découvert pour le complément. Ce mode de financement est-il plus intéressant ?**

CORRIGÉ 16.01

1. Recours à l'escompte

Les trois effets sont escomptés, pour une valeur nominale de 45 000 €, alors que le déficit de trésorerie à couvrir est de 40 000 €. Mais il faut tenir compte des agios précomptés sur l'escompte.

▶ Détermination du nombre de jours d'escompte

Compte tenu du déficit apparaissant le 15 février, il est nécessaire d'escompter les effets dès le 14 février pour que le compte soit crédité le 15 (un jour de valeur).

- Effet à échéance du 20 mars : 14 jours en février + 20 jours en mars + 1 jour de banque = 35
- Effet à échéance du 31 mars : 14 jours en février + 31 jours en mars + 1 jour de banque = 46
- Effet à échéance du 2 avril : 14 jours en février + 31 jours en mars + 2 jours en avril + 1 jour de banque = 48

Agios : on retient un taux de 9,5 % + 0,60 % = 10,1 %

$$14\,000 \times 10{,}1\,\% \times \frac{35}{36\,000} + 26\,000 \times 10{,}1\,\% \times \frac{46}{36\,000} + 2\,000 \times 10{,}1\,\% \times \frac{48}{36\,000}$$
$$+ 0{,}6 \times 3 = 137{,}47 + 335{,}54 + 26{,}93 + 1{,}8 = 501{,}74\ €.$$

2. Recours au découvert

Les jours de découvert courent du 15 février inclus au 18 mars inclus.
Le coût du découvert est égal à :

$$40\,000 \times 12 \times \frac{32}{36\,000} + 40\,000 \times 0{,}05\,\% \times 2 = 426{,}66 + 40 = 466{,}66\ €.$$

3. Solution mixte

Le recours à l'escompte de l'effet dont l'échéance est la plus éloignée accroît le coût du crédit. On peut donc envisager une solution intermédiaire consistant en l'escompte des deux premiers effets, le reste étant financé par un découvert.

▶ Coût de l'escompte

$$14\,000 \times 10{,}10\,\% \times \frac{35}{36\,000} + 26\,000 \times 10{,}10\,\% \times \frac{46}{36\,000} + 0{,}6 \times 2 = 137{,}47$$
$$+ 335{,}54 + 1{,}2 = 474{,}21\ €.$$

▶ Coût du découvert

Montant du découvert = 474,21 €.
Agios sur découvert = $474{,}21 \times \frac{12 \times 32}{36\,000} + 474{,}21 \times 2 \times 0{,}05\,\% = 5{,}53$ €.

▶ Coût total du financement

474,21 + 5,53 = 479,74 €.

Le coût de la solution mixte est plus onéreux que le coût du financement intégral par découvert. La durée de l'escompte des deux effets (au 20 mars et au 31 mars) dépasse en effet de quelques jours ce qui serait strictement nécessaire (18 mars) à la couverture de l'insuffisance de trésorerie.

EXERCICE 16.02

Trésor

La société Trésor a établi son budget de trésorerie sur les six premiers de l'année N. Vous disposez par ailleurs du budget des encaissements des 7 premiers mois de l'année N.

Travail à faire

1. **Équilibrer le budget de trésorerie en escomptant les effets détenus en portefeuille, au taux de 10 % l'an.**
2. **Quel est le montant du plafond d'escompte que l'entreprise doit négocier avec son banquier ? Ce montant est-il raisonnable ?**

Annexe 1 – Budget de trésorerie 1er semestre N

	Janvier	Février	Mars	Avril	Mai	Juin
Encaissements	781 460	771 420	771 420	1 309 620	1 148 160	1 022 580
Décaissements	812 144	495 110	693 400	879 640	579 560	1 082 800
Enc. – Déc.	– 30 684	282 760	78 020	429 980	568 600	– 60 220
Trésorerie début mois	– 500 000	– 530 684	– 250 024	– 172 004	257 976	826 576
Trésorerie fin mois	– 530 684	– 250 024	– 172 004	257 976	826 576	766 356

Annexe 2 – Budget des encaissements année N

	Janvier	Février	Mars	Avril	Mai	Juin	Juillet
Clients au bilan	500 000						
Créances diverses	120 000						
Ventes au comptant	161 460	125 580	269 100	233 220	215 280	161 460	215 280
Ventes à 30 jours escomptables		645 840	502 3201	076 400	932 880	861 120	645 840
Total des encaissements	781 460	771 420	771 4201	309 6201	148 1601	022 580	861 120

CORRIGÉ 16.02

1. Escompte d'effets de commerce

Budget ajusté

	Janvier	Février	Mars	Avril
Trésorerie initiale	- 500 000	0	0	0
Encaissements				
Clients au bilan	500 000			
Créances diverses	120 000			
Ventes au comptant	161 460	125 580	269 100	233 220
Ventes à 30 jours		645 840	502 320	1 076 400
Effets escomptés		**- 535 144**	**- 256 622**	**- 180 103**
Total des encaissements	781 460	236 276	514 798	1 129 517
Total des décaissements	812 144	490 760	693 400	879 640
Trésorerie avant ajuste-ment	- 530 684	- 254 484	- 178 602	249 877
Effets à escompter (1)	**535 144**	**256 622**	**180 103**	0
Agios	**4 460**	**2 139**	**1 501**	0
Trésorerie finale	0	0	0	249 877

(1) Soit x le montant des effets à escompter au cours du mois de janvier.

$x - \frac{x \times 0,10}{12} = 530\,684 \Rightarrow x = 534\,144$ et ainsi de suite pour les autres mois.

2. Négociation avec le banquier

Le plafond d'escompte à négocier correspond au montant des effets à escompter en janvier soit 535 144. Il correspond à peine à un mois de CAHT (*cf.* budget de trésorerie). Le banquier devrait pouvoir accepter ce plafond.

Gestion du risque de change

Le développement des relations internationales impose à l'entreprise de réaliser des opérations hors de la zone euro. Elle est alors soumise à des risques de change importants en raison des fluctuations des monnaies. La prudence la conduit à trouver des instruments de couverture contre ce risque.

FICHE 17

I ▶ Le marché des changes

A. Définition

Le marché des changes est le lieu où les monnaies s'échangent les unes contre les autres. Le taux de change résulte de la confrontation de l'offre et de la demande des différentes monnaies nationales.

B. Marché des changes interbancaires

Le marché des changes interbancaire n'a pas de localisation physique. C'est un marché de gré à gré où les contrats ne sont pas standardisés. Toutes les caractéristiques d'une opération sont négociables : les monnaies concernées, la taille des opérations, les dates de livraisons, les prix.

Sur ce marché sont réalisées :

- Les opérations au comptant. C'est un marché qui fonctionne en continu tous les jours ouvrés et qui traite les transactions au comptant, c'est-à-dire les achats et ventes de devises dont le règlement se réalise dans les deux jours ouvrables.
- Les opérations à terme. Le taux de change est fixé lors de la réalisation du contrat mais la livraison et le règlement sont différés.

C. Risque de change

Le risque de change est le risque lié à la variation du cours d'une monnaie par rapport à la monnaie de référence utilisée par une entreprise ou un établissement bancaire.

Les opérations d'une entreprise avec l'étranger génèrent un risque de change qui a une double nature, commerciale et financière.

D. Position de change

La position de change est la différence entre les devises possédées (ou à recevoir) et les devises dues (ou à livrer). La position est dite courte si les dettes sont supérieures aux créances.

Elle est dite longue dans la situation inverse.

Pour une même monnaie étrangère, on établit un échéancier de l'ensemble des flux prévisionnels. L'entreprise est exposée au risque de change dès lors que sa position est courte ou longue. Elle peut alors décider de couvrir ou non le risque encouru. (*cf.* § III *infra*).

II ▶ Le taux de change : mode de cotation

Dans la zone euro ainsi qu'à Londres et New York, les monnaies sont cotées au certain avec quatre décimales. Une unité de la monnaie locale est exprimée en n unités d'une monnaie étrangère.

Exemple

Pour l'euro à Paris, la cotation EUR/USD = 1,4633 signifie 1 EUR = 1,4633 USD. A New York, la cotation se fait dans le sens USD/EUR : 1 USD = 0,6834 € (soit 1/1,4633).

Il en résulte que pour calculer la contre-valeur en EUR d'un montant en USD, on divise le montant en USD par le cours.

Exemple

10 000 USD = 10 000/1,4633 = 6 833,87 EUR

On peut aussi obtenir le montant en euros ainsi : 10 000 USD × 0,6834 = 6 834 €.

III ▶ Principes d'une couverture du risque de change

A. Change au comptant (ou *spot*)

Le change au comptant consiste en l'échange de deux devises. Cet échange est immédiat et les cours sont ceux du jour. Ils sont donc connus avec certitude. Le risque de change n'existe pas sur ce marché.

B. Change à terme (ou *forward*)

- Un contrat à terme ferme de devises est un accord passé *aujourd'hui* avec une banque et une entreprise, pour un achat ou une vente de devises à une date donnée et à un taux de change déterminé. Le taux de change est établi sur le marché des changes à terme. Les échéances sont de 1 mois, 3 mois, 6 mois et 1 an. Ces contrats sont traités sur des marchés de *gré à gré*.
- Sur *les marchés organisés* existent les « *futures* ». Les futures sont des contrats à terme ferme. Les marchés sont dits organisés. Les contrats ont pour objet l'achat ou la vente de devises. Ils reposent sur un actif sous-jacent (une devise déterminée).

Actuellement deux types de contrats à terme ferme existent :

– US dollar/Euro Futures ;

– Euro/US dollar Futures.

FICHE 17

C. Mécanismes de couverture

Importateur	Exportateur
Doit payer un achat en monnaie étrangère	Doit recevoir pour une vente des monnaies étrangères
Craint une hausse de la monnaie étrangère qui augmentera sa dette	Craint une baisse de la monnaie étrangère qui diminuera sa créance
Achat à terme de devises sur le marché des changes à un cours déterminé aujourd'hui	**Vente à terme de devises sur le marché des changes à un cours déterminé aujourd'hui**
Garantie du montant de l'achat ; à l'abri d'une hausse éventuelle de la monnaie étrangère	Garantie du montant de la vente ; à l'abri d'une baisse éventuelle de la monnaie étrangère
En cas de baisse de la monnaie étrangère sur le marché au comptant, il ne pourra pas profiter de cette baisse	En cas de hausse de la monnaie étrangère sur le marché au comptant, il ne pourra pas profiter de cette hausse

Exemple

La société DUBOIS exporte des marchandises aux USA pour un montant de 100 000 USD payables dans trois mois. A ce jour, le cours de l'USD sur le marché au comptant est de 0,6981 € pour 1 USD et sur le marché à terme 3 mois de 0,6834 USD pour 1 €. Craignant une baisse de l'USD, elle vend à terme des devises (titres de créances) libellées en USD.

La société DUBOIS est donc assurée d'encaisser à l'échéance le prix de la vente à terme des USD : 100 000 × 0,6834 = 68 334 €. En contrepartie, elle livrera les 100 000 USD versés par son client américain.

D. Micro et macro couverture

Les opérations de couverture consistent à rechercher sur le marché à terme, la *compensation* d'une *perte potentielle* sur le marché au comptant. Elles ont pour objet de limiter le risque de change.

L'opérateur souhaite couvrir partiellement une opération. Il s'agit d'une couverture *au cas par cas* ⇒ *micro couverture*.

L'opérateur souhaite couvrir l'ensemble de son portefeuille d'actifs et de passifs. Il s'agit d'une couverture de la *position nette* ⇒ *macro couverture*.

IV ▶ Les achats d'options

A. Définition

Une option de change donne à son détenteur le *droit* d'acheter (option d'achat ou call) ou de vendre (option de vente ou put) des devises, jusqu'à une certaine échéance, à un cours fixé lors de la souscription de l'option.

Les options de change sont traitées sur les marchés de gré à gré.

Cependant NYSE Euronext cote également deux contrats d'options de dérivés sur devises :

– US Dollar/Euro Options,

– Euro/US Dollar Options.

B. Description des contrats

• Les contrats d'options négociables sont des contrats standardisés qui donnent à leur acquéreur (acheteur d'une option d'achat ou de vente), le droit (mais non l'obligation) d'acheter (option d'achat) ou de vendre (option de vente) à l'échéance, moyennant le versement initial d'une somme, appelée prix de l'option ou prime ou premium.

• La prime est le prix versé au vendeur de l'option dès la souscription du contrat d'option. Elle lui est définitivement acquise. Elle fait l'objet d'une cotation (en pourcentage du montant nominal du contrat).

• Le droit d'acheter ou de vendre porte sur une *quantité déterminée d'un actif sous-jacent* (devises) à un prix fixé à l'avance, appelé prix d'exercice. L'option porte sur une quotité déterminée.

• Le contrat comporte une échéance au-delà de laquelle il n'est plus possible d'exercer l'option.

C. Stratégies sur les contrats d'option

	Option d'achat (ou *call*)	Option de vente (ou *put*)
Acheteur d'une option	Si le cours de la monnaie étrangère *augmente* : *exercice* de l'option et encaissement de la plus-value.	Si le cours de la monnaie étrangère *diminue* : *exercice* de l'option et encaissement de la plus-value.
	Si le cours de la monnaie étrangère *diminue* : *abandon* de l'option et perte de la prime ou vente de l'option : perte de la prime et encaissement du produit de la vente de l'option.	Si le cours de la monnaie étrangère *augmente* : *abandon* de l'option et perte de la prime ou vente de l'option.
	L'achat intéresse l'importateur qui devra livrer des devises. Il achète une option d'achat.	**L'achat intéresse l'exportateur qui devra vendre des devises. Il achète une option de vente**

Les contrats d'options permettent de profiter d'une *évolution favorable* des cours des monnaies.

▶ **Représentations graphiques**

PE = prix d'exercice

SR = seuil de rentabilité

	Achat d'une option d'achat	Achat d'une option de vente
Seuil de rentabilité (SR)	PE + Prime	PE – Prime
Perte	limitée à la prime	limitée à la prime

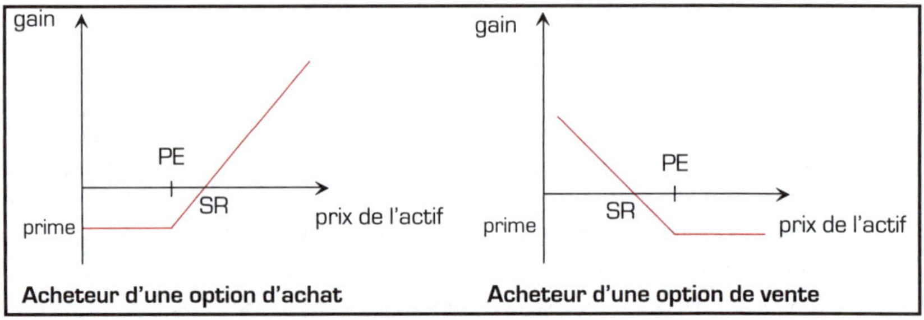

Figure 1 • Positions sur les contrats d'option

	Achat d'une option d'achat	**Achat d'une option de vente**
Gain	illimité au-delà du SR	illimité en-dessous du SR

Exemple

Une entreprise française importe des marchandises aux Etats-Unis. Elle devra débourser dans soixante jours 300 000 USD. Aujourd'hui, le taux de change au comptant est de 1 USD = 0,6824 €. L'importateur craint une hausse du dollar dans les deux mois à venir. Il réalise une opération de couverture en achetant à son banquier une option d'achat. Le prix d'exercice est de 0,6830 € et la prime de 2 %. La prime versée lors de l'achat de l'option d'achat est de 300 000 USD × 0,6824 × 0,02 = 4 094,40 €.

À l'échéance, le cours de l'USD sur le marché au comptant est de :

- Hypothèse 1 : 1 USD = 0,6975 € ;
- Hypothèse 2 : 1 USD = 0,6590 €.

Hypothèse 1 : le cours du dollar a augmenté, l'importateur exerce l'option et achète le dollar au prix d'exercice. Il dépense : 300 000 USD × 0,6830 = 204 900 € augmenté de la prime versée 4 094,40 € soit 208 994,40 €.

Le dollar lui revient 0,6830 + 0,02 × 0,6824 = 0,6966. S'il ne s'était pas couvert il aurait acheté le dollar 0,6975 donc à un coût supérieur.

Hypothèse 2 : le cours du dollar a diminué, l'importateur n'exerce pas l'option, il l'abandonne et achète les dollars au taux de change en vigueur dans soixante jours. Il dépense : 300 000 USD × 0,6590 = 197 700 € augmenté de la prime versée 4 094,40 € soit 201 794,40 €.

Le dollar lui revient 0,6590 + 0,02 × 0,6824 = 0,6726.

V ▶ COFACE SA

COFACE SA (anciennement Compagnie française d'assurance pour le commerce extérieur) est une société qui assure une protection contre les risques commerciaux et politiques à l'exportation et, accessoirement, contre le risque de change. Moyennant le versement d'une prime, COFACE SA couvre 100 % de la perte de change éventuelle. Cependant, dans l'hypothèse d'un gain de change, l'opérateur doit reverser cette plus-value à COFACE SA.

Conseils

- **Être attentif à la lecture des taux de change (sens).**
- **Savoir que l'exercice de l'option est un *droit* et non une obligation.**
- **Savoir que :**

- **pour l'option « américaine », l'acheteur peut exercer son droit à tout moment entre la date de l'opération et la date d'expiration de l'option,**
- **pour l'option « européenne », le droit ne peut être exercé qu'à la date d'expiration de l'option.**

FICHE 17

MÉMO

Opération	**Risque**	**Contrats à terme ferme**	**Contrats d'options**
Exportateur	Vente libellée en monnaie étrangère ; crainte d'une baisse de cette monnaie	Vente à terme des monnaies étrangères pour figer le cours	Achat d'une option de vente
Importateur	Achat libellé en monnaie étrangère ; crainte d'une hausse de cette monnaie	Achat à terme des monnaies étrangères pour figer le cours	Achat d'une option d'achat

Description d'une option

Option d'achat (ou *call*)	**Option de vente (ou *put*)**
On peut acheter une option d'achat	On peut acheter une option de vente.
L'achat d'une option d'achat donne le *droit d'acheter* des devises au prix d'exercice.	L'achat d'une option de vente donne le *droit de vendre* des devises au prix d'exercice.
En face de l'acheteur, se trouve le *vendeur* d'une *option d'achat*.	En face de l'acheteur, se trouve le *vendeur* d'une *option de vente*.

L'achat d'une option d'achat intéresse l'importateur qui devra livrer des devises	L'achat d'une option de vente intéresse l'exportateur qui devra vendre des devises.

EXERCICE 17.01

Duval

Le 1er juin, un exportateur français Duval doit recevoir dans trois mois l'encaissement d'une créance. La vente attachée à cette créance s'élève à 200 000 USD. Ce jour, il négocie un contrat de change à terme au cours de 0,6875 € pour 1 USD.

e x o s

Travail à faire

1. **Pourquoi l'exportateur français négocie-t-il un contrat de change à terme ?**
2. **Comment peut-elle se protéger sur le marché des changes à terme ?**
3. **Dans quelle position de change se trouve-t-elle ?**
4. **Quelle position doit-elle prendre sur le marché des changes à terme ?**
5. **Dans l'hypothèse où, dans trois mois, le taux de change sur le marché au comptant est de 0,6765 € pour 1 USD, décrire l'opération du change à terme.**

CORRIGÉ 17.01

1. L'entreprise Duval court le risque que sa créance à l'échéance exprimée en euros diminue en cas de baisse du dollar.

2. L'entreprise Duval peut prendre sur le marché à terme une position qui compense la position existante sur le marché au comptant.

3. La position est dite *longue* car la créance en dollar est supérieure aux dettes en dollar (qui sont nulles).

4. La position est dite *courte* et contraire à la précédente. Elle vend à terme des dollars au taux de change fixé aujourd'hui 1er juin soit 0,6875 € pour 1 USD.

5. L'exportateur Duval en négociant le contrat de change à terme, vend à terme des dollars au taux de change 0,6875 € pour 1 USD. Il reçoit : 200 000 USD × 0,6875 = 137 500 € de la revente de ses 200 000 dollars.

Comme le cours du dollar a baissé sur le marché au comptant puisque le taux spot est 0,6765 € pour 1 USD, le contrat à terme a évité une perte de (0,6875 – 0,6765) × 200 000 = 2 200 €.

EXERCICE 17.02

Mini Cas Arold

Une entreprise française Arold doit recevoir dans trois mois 500 000 USD. Elle craint une baisse du dollar et souhaite se couvrir contre ce risque. Elle se porte acquéreur d'options de vente de dollars contre des euros, au prix d'exercice 0,6866 €. Prime 0,0196. À ce jour, le cours de l'USD/EUR au comptant est de 0,7015.

Travail à faire

1. **Quel est le risque couru par l'entreprise Arold ?**
2. **Quelle position doit-elle prendre sur les marchés d'options de change ?**
3. **Quel est le prix d'exercice de l'option de vente de devises ? Quel est le montant de la prime que doit verser l'exportateur ? Quand doit-elle être versée ?**
4. **Trois mois plus tard, deux hypothèses peuvent être faites sur le cours du dollar :**

- **le cours du dollar est de 0,7214 € pour 1 USD ;**
- **le cours du dollar est de 0,6710 € pour 1 USD ;**

Que doit faire l'exportateur dans chacune des hypothèses ?

5. **L'exportateur aurait-il pu trouver une garantie du risque de change auprès de COFACE SA ? Décrire le fonctionnement de l'opération.**

exos

CORRIGÉ 17.02

1. Risque de change

L'exportateur Arold court le risque qu'à l'échéance le dollar baisse. Dans ce cas, il recevra dans trois mois, une somme inférieure à celle qu'il aurait reçu aujourd'hui, s'il avait vendu les marchandises au comptant.

2. Option de vente

Sur le marché de gré à gré, il doit acheter une option de vente de devises de 500 000 USD, à échéance de 3 mois.

3. Prix d'exercice et prime

Le prix d'exercice correspond au cours au comptant du dollar soit 0,7015 € pour 1 USD (ou 1/0,7015 = 1,4255 USD pour 1 €).
La prime est égale à : (500 000 × 0,7015) × 1,96 % = 6 874,70 €.
Cette prime est versée dès le début de la conclusion du contrat.

4. Décisions de l'exportateur

• Le cours du dollar est de 0,7214 € pour 1 USD. Le cours du dollar a augmenté
L'exportateur Arold n'exerce pas l'option. Il vend des dollars au cours du jour sur le marché au comptant à 0,7214 €, soit 500 000 × 0,7214 = 360 700 €.
Il a versé une prime de 6 874,70 €.
Le dollar lui revient à 0,7214 – 0,0196 × 0,7015 = 0,7076 €, contre 0,7015 € pour 1 USD.
Il a ainsi profité d'une évolution favorable du cours.
• Le cours du dollar est de 0,6710 € pour 1 USD. Le cours du dollar a baissé.
L'exportateur exerce l'option. Il vend des dollars au prix d'exercice de 0,6866 € pour 1 € soit 500 000 × 0,6866 = 343 300 €. Il a versé une prime de 6 874,70 €.
Le dollar lui revient à 0,6866 – 0,0196 × 0,7015 = 0,6728 €.

5. La garantie de change

COFACE CIME permet à l'exportateur de se couvrir contre un risque de change. La COFACE garantit un cours pendant une période allant de 3 à 18 mois. Moyennant le versement d'une prime, l'exportateur est couvert intégralement contre les pertes de change éventuelles. Par contre, en cas de gain, il doit en faire le reversement à la COFACE.

Conception Graphique : Sylvie Vaillant
Composition Maury
Éditions Foucher – Vanves – Août 2010 – 01 – MV-AF/EP

Imprimé en France par Normandie Roto Impression s.a.s., 61250 Lonrai – Nº d'impression : 102483

Imprim'Vert
Votre imprimeur agit pour l'environnement